給法律人的
一封信

復刻版

Law and Society

悲 義 與

學者

每類均依2003年職銜＋姓氏筆劃排序

〈推薦序〉

看似尋常最奇崛

　　這幾年來，司法改革成為社會矚目的焦點。所有的法律人，不論審、檢、辯、學，都能不分彼此，毅然投入這股洪流。勢如雷霆，一瀉千里，沛然莫之能禦，令人嘆為觀止。

　　這種態勢，有其必然，也有其不得不然。50年來，我國社會結構急速轉變，經濟由農業轉型為工商業，人口自鄉村湧向都市，貿易由國內擴展到國際。加上政治上積極實施民主憲政，國人出入國頻繁，耳之所聞，目之所接，已然大異於傳統。

　　因之，國人潛在的「法律意識」，隨著時日的流轉，已漸與傳統的法制背離。各種影響匯集下，幾已轉化成西方模式的法律意識，老舊的法制自難滿足國人所需。加以各大學法律系所，不斷增加，至今已有30餘個系所之多，每年畢業學子2千多名，法律人對於傳統法制的滯後性與國人法律意識的超前性，敏感性更高。這種差異，時日愈久，積壓愈大，一旦有宣洩的機會，大家自然群策群力，謀求改革。

　　1999年7月舉行的「全國司法改革會議」，就在這樣的氛圍中，獲致54項改革結論。確立了「司法為民」之改革主軸，架構了金字塔型的法院組織與訴訟制度，以為日後改革之準據，但「看似尋常最奇崛，成如容易卻艱辛」，司改之路漫漫，需要有識者攜手共進。

　　改革路上，難免有反對聲浪。我們就此一再反躬自省，發現主要癥結，似應改變全民的司法印象，重塑司法文化。茲舉一例以說明

之，以監察院於2003年4月所作「法官及檢察官辦案濫用自由心證情形專案調查研究報告」為例，該院委託民調公司所作民調，「律師」大多對法官審判持肯定的看法，「上過法院訴訟民眾」次之，而「一般民眾」則表不滿。其中「您相信我國法官的判決正確？」，律師持肯定的看法者（包括非常相信及還算相信）占70%，上過法院訴訟民眾占39.7%，一般民眾卻僅占33.7%。換句話說，越了解審判改進情況的人對法官的信賴越高，從來不涉足法院的人，對法院的信賴卻不夠。揆其原因，應係受到傳統刻板印象或媒體報導的影響所致。這些同胞或已具有西方思潮，卻以為司法仍依然故我。

　針對這些「一般民眾」的看法，司法院雖要求自己以及各法院按月舉辦「與民有約」，但要民眾在短時間能充分了解，仍有待時日。司法改革，不是僅有司法院全力以赴即能濟事，也不是光由全體法律人持續不斷的努力就能獲致，必須靠全體國人，萬眾一心，才能達成。

　新自然主義出版公司洪美華小姐，有鑒及此，想先由法律新鮮人著手，不失為可行之道，她特商請26位各個領域一時之選的法律人，奉獻他們步入法律之門後學習及成長的經驗，並分別從多元的角度提出對法律新鮮人的殷殷期許，相信有志成為法律人的學子，閱讀之後，必然能得其門徑，登堂入室，獲窺法律的堂奧，成為優秀的法律人，同時切望你們將來也能共同來擔任司法改革的柱石。

翁岳生

（司法院院長）

〈出版者的話〉
對法律成爲顯學的反省與提醒

　　近年來，法律系逐漸成爲「顯學」，莘莘學子爭相進入，難免讓人擔心究竟是「所爲何來」？如果是爲了成爲人中龍鳳、爲了「第一志願」的虛榮，忽視了法律人應有的公平正義理念，以及紮紮實實求學求知的基本態度，那麼，說不定眞的該及早勸告「千萬別來念法律」！？

　　爲此，特別企劃《正義與慈悲——給法律人的一封信》一書，邀請法律出身的教授、政府官員、民意代表、企業領袖，以及律師、法官，甚至是將所學投身於社會工作的傑出法律人，以書信的寫作方式，毫不藏私的分享當時念法律的初衷與觸動，後來選擇的發展方向，以及遇到人生轉折點時的應對之道；更充滿對年輕人學習方法的分享、堅持正義的殷殷期盼。

　　參考前人寶貴經驗，請年輕法律人或即將踏入這個領域的學子，多多思索自身未來抉擇取捨；尤其，建議有意選擇法律系的高中學生及家長，不妨在填表前看過本書再想想；更期待社會大眾藉本書更深入了解法律人的思維與慈悲。

　　回想擬定邀訪名單的過程，可說費盡心思，也徵詢了多人意見，評估很多主客觀條件，確定最重要的前提是具備法律人的品格特質，並且都擁有柔軟的心，願意慷慨分享且提攜後進。當然，由於作業倉促，難免疏漏了很多具有這般美好特質的法律先

進；在邀請的過程中，也遇到幾位人選剛好這段時間公務繁忙而作罷，都是遺珠之憾，真的非常遺憾。

在此，對於製作過程中飽受我們再三打擾的受邀者，以及熱心提供多方協助的各界朋友，由衷表示感謝。尤其，非常榮幸恩師翁岳生老師首肯賜序，彌足珍貴；猶記當年翁老師教誨「做符合自己身份的事」，也就是說，法律有時而窮，每人都應該遵循規範的原理，自主判斷個別行為的當為與否，允許一向自在任性的我有著相對的判斷準則，在從事媒體經營多年來均不敢須臾離忘。

最後，也順便說明，我在1991年創辦【月旦出版社】，原本以出版人物傳記為宗旨，後來卻逐漸以法學書而著稱；1995年與數位好友共同發行【月旦法學雜誌】，努力推動法學界的承先啟後、新知共享。由於資力有限，只能以「完成階段性任務」自慰，於1998年將【月旦】的服務標章、法學書以及法學雜誌經營權轉讓給現在的經營者，出版社改名為【新自然主義】，轉以關心在地文化、生態環保及身心靈健康為重心，希望能為生活在殘破地球這端的讀者提供一些新的觀念與方法。

出版本書，試圖共同對法律成為顯學提出反省與提醒，也做為我從事出版以來，與法律人的告別句點。

（新自然主義公司發行人）

果敢抉擇，勇敢追求

王泰升

小 檔 案

星座：巨蟹座　　　　血型：O型

現職：台灣大學法律學院教授兼法律與社會研究中心主任、中研院台灣史研究所籌備處研究員（合聘）

學歷：高中／成功高中（1975-1978）；大學／台灣大學法律學系法學組（1978-1982）；碩士／台北大學法律學研究所（1985-1988）、美國華盛頓大學法學院（1989-1990）；博士／美國華盛頓大學法學院（1990-1992）

經歷：第一聯合法律事務所（1986-1987）、王泰升律師事務所（1987-1988）、聯鼎法律事務所（1988-1989）、台灣法學會理事或監事（1996迄今）、台灣法學史學會理事兼秘書長（1997迄今）、國科會傑出研究獎（2001）、哈佛大學法學院訪問學者（2001）、國史館台灣文獻館傑出文獻研究獎（2002）

給法律人的一句話

成功之道，敬業而已。

興趣與休閒：興趣／看書；休閒／跑步。
對法律學科的喜好：最喜歡法律史、沒什麼不喜歡的。
影響您最深的事件：台大法學教育與台灣的民主運動。
法律對自己的影響：確立人生奮鬥目標
目標與夢想：在台灣建構一個「每個人都能自由地追求自己幸福」的法律秩序。
對法律系學生的普遍印象：聰明活潑，更懂得規劃自己的未來。
對法律系學生的建議或期許：在尚未確知自己的喜好或能力之前，不妨聽從父母長輩的建議，但同時保留往其他方向發展的可能性；一旦確知自己的方向，就要勇敢地追求。

更新內容

Dear 年輕學子們：

大四畢業那年某個仲夏的黃昏，獨自望著已馳騁四年的台大田徑場，回憶起多少個揮汗苦練百米的日子，思索著身為法律人，未來該何去何從。我告訴自己，既然能夠孤寂地為增快0.1秒而練到抽筋，為什麼不能為念好法律而同樣付出呢？雖然自己的田徑成績不頂好，但那追尋的過程不也充滿歡愉；不管我念法律能念到什麼境界，只要全力以赴，同樣會有我的快樂。於是，我走向另一個「跑道」，聳聳肩，吐口氣，該起跑了。

準備國家考試是融會貫通的好機會

國家考試的煎熬，似乎是台灣法律人的宿命。但換個角度，這是將所有重要的法律科目，仔細從頭念到尾，並將被分割學習的法律、實體法與程序法融會貫通的好機會。我在律師高考錄取率1或2%的年代裡，經歷13個月除週六外每天蹲圖書館11至12小時的苦讀，就能考上，算是幸運了。如今錄取率已較高，法律系的學生在大一至大三時，應廣泛接觸法學理論，打好學習法律的基礎，加強法律以外學科的知識，以因應律師專業化的趨勢，到了大四才分一些心力準備國考。往後還有能否成為一位稱職司法官或律師的考驗，對此所需要的能力，不是專為國考而辦的補習班所能提供的。會這麼講，部分來自我的律師經驗。

我從進法律系開始，就鎖定「律師」作為目標。真正感受到法律是什麼，也是當律師以後的事。

課堂上、書本上的法律規範告訴我，人與人之間的生活關

係，基於某種理由，應該怎麼樣處理。可是當我把它適用到實際的社會生活時，方知社會上有些人並不認為這些規定是那麼理所當然。按不同的文化價值觀，可能會偏好不同的處理方式，形成不同的法律規範。國家現行的法律規範，只是其中的一種，而那是不是最好的，我需要被說服。

從商法轉攻台灣法律史，迎向混沌不明的未來

為了圓「成為名利雙收的國際商務律師」之夢，在執業律師三年後赴美留學。美國法學院開放的學習環境，卻讓我發現「台灣法律史」，恰足以解開心中的疑惑。台灣現行法係淵源自近代歐美社會主流價值，但其所規範的台灣社會之成員，不論是屬於原住民族或屬於漢族的福佬、客家、外省等族群，原本存在著與歐美相異的文化價值觀，無怪乎有些人仍排斥現行法上的某些規定。

想深入探究台灣法律史，須繼續念博士；不過，在拿到僅證明具有學術研究起碼能力的博士學位之後，就回去當律師，不再做研究，那又何必？然而不當律師，豈非數年來的努力付諸東流？不捨即無所得，為了那份追尋知識的樂趣，本於為「苦悶的台灣」貢獻一己力量的信念，毅然捨棄了律師工作和原本專攻的公司與證券交易法，改以台灣法律史的專業學者自許，迎向一個混沌不明的未來。

其實，若沒有雙親及妻子的支持，即無這項人生大轉折。我覺得，在尚未確知自己的喜好或能力之前，不妨聽從父母長輩的

建議，但同時保留往其他方向發展的可能性。一旦確知自己的方向，就要勇敢地追求，父母所企盼者無非是子女們能幸福快樂，而快樂要靠自己來定義，只要小孩確實能因此得到快樂，爸媽都會支持。法律系學生若對自己想要的，還不太明確，或許可將決定的時間往後延。例如念完研究所，且從事一段時間的法律實務之後，如果發現能從中得到較大滿足感者，可能就是適合自己發展的行業，就果敢地做個抉擇吧！凡走過必留下痕跡，法律實務經驗，對學術研究者而言，好比曾經進行過「田野調查」；研究所階段的專題研究經驗，亦有助於扮演好司法官或律師的角色。

研究台灣法律史，就是我畢生的志業

　　能擁有「志業」，是一種福氣。研究台灣法律史，就是我畢生的志業。台灣現行的中華民國法的確來自中國（大陸），循此回溯至中國的「清末民初」是可了解該法規範之由來，但我更關心的是現行法的規範對象，亦即台灣2千3百萬人民。這群人的法律觀念是什麼？什麼樣的法律規範內容最適合這群人？在回答之前，應了解這群人的「法律歷史經驗」。為此應上溯福佬、客家兩族群和原住民族所經歷的日本統治時代法律，以及外省族群所經歷的民國時代中國法律，再往上推才是傳統漢族（中華帝國）法律與原住民族法律。

　　對於強調「台灣共同體意識」的我而言，延續中華民國法體制或者另立新法制，都只是手段，在台灣建構一個「每個人都能自由地追求自己幸福」的法律秩序，才是最終的目的，才是我的

堅持。

　是這份堅持，讓我雖然腳已有點酸，還是繼續跑下去。

　　　　　　　　　　　　　　　寫於2003年5月

讓法律豐富生命

李震山

小 檔 案

星座：魔羯座　　　　血型：A 型

現職：中正大學法律系專任教授、政治大學及文化大學法律系兼任教授

學歷：屏東高級中學畢（1969）、中央警官學校法學士（1974）、中央警官學校法學碩士（1979）、德國慕尼黑大學（Ludwig-Maximilians-University Munich）法學博士（1985）

經歷：東吳大學兼任副教授（1987-1988）、中央警察大學專任副教授、教授（1985-1998）、文化大學法律系專任教授（1998-1999）、行政院勞委會法規委員會委員（1992-1993、1994-1996）、內政部訴願審議委員會委員（1986-1993、1998-2002）

給法律人的一句話

向上、向善、活出自我。

興趣與休閒：閱讀、慢跑、健行。

對法律學科的喜好：最喜歡憲法（基本權利理論）。

影響最深的師長：我博士論文指導教授Prof. Dr. Heinrich Scholler之言行，深深影響著我。恩師在16歲時意外失明，在全盲期間完成一般人都極為困難的成就，包括通過司法官國家考試，擔任法官，並以傑出的教授論文取得教授資格（38歲）。我在他身邊四年及日後交往歲月中，親炙體會其多元、包容的價值觀與人生觀，深獲啟發，亦是我努力精進的重要源頭活水。我將恩師生平事蹟寫在其70歲祝壽論文集《法與義》一書的前言中（五南圖書出版公司），以表敬意。

法律對自己的影響：用心體會法律美好的人文面，讓法律豐富生活，提升生命品質。

目標與夢想：作為法學界的一份子，抱持感恩心緒下，是沒有懈怠的理由；換言之，繼續努力是唯一的一條路，以此目標去構築公義社會的夢想。

對法律系學生的普遍印象：非法律人普遍認為當前年輕法律人太過講求自由權利，忽略義務與責任；太強調個性，忽略群性的重要。其實這些「刻板印象」可以經由強化人文素養加以扭轉。

對法律系學生的建議或期許：首先，要認識真正的自己，並經常確實無私檢討自己，永保反省機制。其次，多結交具多元、包容、表裡如一之價值觀的朋友、同仁和師長。

更新內容

各位年輕的朋友：

展信愉快。能應邀以文字與年輕一輩的法律學子、法律人或考慮以法律工作為志業者，做心靈對話，深感榮幸。趁此機緣，以自我介紹及感想夾雜的論述方式，抒發幾點心得，謹供參考。

在文武交錯轉折中，悟得一些道理

我出生於屏東鄉間，成長於台南海邊，長期工作在台北市。念過軍事氣息濃厚的警官學校（警察大學的前身），也受過自由開放學風的學術洗禮（德國慕尼黑大學）。擔任過警察養成教育的工作（警專、警大），以及一般大學的教師（東吳、文化、政大、中正）。似乎有允文允武的背景，但也常陷於不文不武的困境，因而在各種人生轉折中，悟得一些道理。

除短期間七年的公務員歷練外，生涯中的大部分時間，皆投注於法律學術教學與研究工作，其間亦曾兼任政府機關的法規委員會委員或訴願審議委員會委員工作。但因我沒有法官、檢察官、律師的經歷，因此，我的看法必有其侷限性，聊供年輕學子參考。

我學法律可說是半路出家，在警官學校時期，除警察實務有關課程外，接觸的法律大多是刑事法及警察行政法；碩士階段念的也是警察行政研究所，於是選擇走入行政法的堂奧。同時，因為警察領域涉及許多人權保障問題，促使我正視憲法中基本權利理論，並決定自願辭去公職到德國留學，之後才有機會將以往支離破碎的法學思維貫串起來。經過不懈的研習、思索，今日才稍

敢以公法學者自居，但仍需不斷再努力，才能逐漸當之無愧。

　　學法律的年輕朋友，常與我討論，究竟應致力於何種法領域？日後究竟應從事法官、檢察官、律師或其他法務工作？

用智慧真正認識自己，以勇氣真誠面對自己

　　對於此種何去何從之困惑問題，我的建議是，除了儘量深入了解各項未來可能從事工作的性質與發展外，最需要提醒的有如下兩點：

　　首先，須真正認識自己，這需要智慧。

　　其次，要經常確實無私地檢討自己，永保反省機制，真誠面對自己，這需要勇氣。

　　在具備該兩前提要件下，才有可能真正適時的妥善安頓自己，逐步思考擇定自己的方向。否則，只有隨波逐流，走一步算一步，大半生將為選擇方向而困擾，猶豫不決的煩憂，就如同「兩岸啼不住的猿聲」，倏然間，「輕舟已過萬重山」，再談抉擇，恐將意興闌珊。

　　因為我不是科班出身的法律人，所以我多少從旁了解到非法律人對法律人有如下的「刻板印象」：太過講求自己的自由權利，忽略自己義務與責任；太強調個性而忽略群性的重要。這或許是我們所習得的法律，往往是運用於現實功利與實用技術層次的一面，從而造就許多不具人文素養與關懷社會的法律人。

　　其實，自由權利的實質內涵亦充滿了寬容、人性、正義及對社會回饋與服務的責任，它不應只是爭取自我權利的激情與快感

的工具。

深諳且實踐法律追求公平正義的眞義

建議現已進入法律系就讀或從事法律工作者，宜用心體會法律美好的人文面，讓法律豐富我們的生命，提升我們的生活品質，而不是讓法律桎梏我們的靈魂，物化我們的人生。要成爲令人尊敬或親近的法律人，不在於亮麗的專業成就之表象層面，而是取決於人格的內在層次。

我就常常警惕自己，必須以高於法律層次的道德、倫理要求自己，並與人相處；但同時還要以堅毅無比的勇氣，去捍衛別人的自由與權利。如此，法律工具化的誤解才有可能稀釋，法律追求公義之目的方能彰顯。如果深諳法律追求公平正義的眞義，且有恆實踐，不論將來從事何種性質的工作，對自己與社會應會有無愧的交代。

我常以向上、向善、活出自我來惕勵自己，勉勵年輕朋友。因爲，沒有向善的向上，徒然造成社會的負擔。縱然向上向善，恆常依人、爲人作嫁，失去自我，豈非枉然！此種理念，對於不論順應風潮追求學業、考試、工作中的向上成就，或者是在法律工作領域中「保障人權」、「審判獨立」、「追求正義」等思考上的向上成就，都可以作爲參考的衡量依據。

己立而後立人，如果自己尙無足夠能力服務廣大人群，至少要做好自己份內的工作。以我個人爲例，我要求自己，盡力做好教學、研究、學術服務的工作，若眞的能達到一定品質，這已是

相當沈重的負擔，背後也需要一些執著與堅毅的支撐；不會再好高騖遠，臨淵羨魚。其實，如果人人都能盡心、自律把自己的事情做好，社會就一定會更祥和、進步。

培養休閒興趣，結交表裡如一的朋友

隨著年齡的增長，我悟得，除了活在工作、樂在工作以外，擁有正當嗜好的迫切性。我慶幸自己有愛好自然與戶外活動的稟性，例如，迄今我已完成20次馬拉松跑步（每次42.195公里），足跡除落在台灣的曾文水庫、國道外，尚及於德國柏林、慕尼黑、奧地利的維也納及韓國古城慶州。這些體能活動，同時可以兼顧健身、解除工作壓力、休閒旅遊、迴避不必要的社交宴飲活動，進而蓄積學術研究潛能與體能，使我更能持續專注的廣泛閱讀、寫作、思考、欣賞音樂，美化人生，好處多多。當然，每個人的個別差異性大，嗜好與休閒不一定相同，卻都需要培養，只要不耽於逸樂，玩物喪志，必有助於提升生命品質。

我的生活內容狀似多元，生活基調卻非常單純，主要環繞在家庭與學術上，人際關係從而顯得相當被動。家庭生活堪稱美滿，在同一屋簷下與母親、牽手及兩個貼心女兒共處，雖生活在女人堆中，但不因而影響我的男子氣慨。要奉勸年輕人，尋找生活伴侶，除浪漫的胸懷外，還要秉持虔敬、慎重的態度，家庭關係的經營也要包容、責任。

如果你有選擇的空間，建議多結交具多元、包容、表裡如一之價值觀的朋友、同仁和師長。

最後，學法律，從事法律工作，是否可以引領你向上、向善、活出自我，恐怕是要經常面對的問題。如果答案是否定的，退一步海闊天空！

李震山

寫於 2003 年 5 月

請注意法律學習過程中的陷阱

林子儀

小 檔 案

星座：魔羯座　　　　血型：O型

現職：台灣大學法律學院教授

學歷：士林高中（1968-1971）；台灣大學法律學系法學士（1971-1975）；台灣大學法律學研究所法學碩士（1977-1983）；美國康乃爾大學法學碩士（1985-1986）；美國康乃爾大學法學博士（1986-1987）

經歷：台灣法學會理事長（1996-1997）；民間司法改革基金會第一屆至第三屆董事（1997迄今）；台灣大學法律學系系主任（1997-1999）；總統府跨黨派小組委員（2000-2002）；總統府科技諮詢委員會委員（2002迄今）

給法律人的一句話

「法律的生命不在邏輯，而在經驗。」

—— Oliver Wendell Holmes, Jr.

興趣與休閒：閱讀、音樂、旅遊。

對法律學科的喜好：喜歡憲法、法理學。

影響最深的師長：鄭玉波、楊日然、廖義男、王澤鑑、李鴻禧。

法律對自己的影響：對公平正義的思考與追求

目標與夢想：公平與正義的社會

對法律系學生的普遍印象：用功

對法律系學生的期許：平等地尊重每一個人（包括自己）

更新內容

給學習中的法律人：

　　每個人學習法律的動機不同，不過在學習法律的過程中，各位要小心，不要掉入陷阱；不要在經過法學教育的洗禮後，反而變成了一位目光如豆、心胸狹隘、錙銖必較、思考僵化的人。法律的學習過程，何以會有如此的陷阱？

培養了邏輯思考，卻少了創造思考能力

　　法律學習主要是以法律規範為學習的對象。本來一個完整的學習，除了要了解「法律規範是什麼」之外，還應該包括「法律規範是怎麼來的」以及「法律規範要怎麼用」。但由於我國的法律制度是成文法制度，重要的法律規範都已形成文字，編入法典。所以，法律的學習，並不特別強調法律規範是怎麼來的，而強調對於已實存於法典中的法規範的認識，以及如何經由解釋而將之適用到具體個案，以作為解決糾紛的準繩。

　　正由於較不重視法律規範是如何形成，所以，我們忽略了如何從具體有秩序的生活現實中，去尋找並分析歸納出人們所願普遍遵守的行為規範，並將之形成為法律規範。因而，我們學習法律的過程，即缺少了主動尋找或創造的精神、分析歸納的能力，同時也較不注重法律規範的成長與變動的本質，以及法律規範與社會生活互動的現象。反而因為是被動的接受已成文化之法規範，以及強調從抽象文字到具體適用的演繹方法，雖然培養了邏輯思考能力，卻少了創造思考能力；同時，只在既定的法律體系中打轉，不僅自我拘限，也易形成法律體系已臻完善的誤會。更

糟的是對於法律規範的了解，也只知其然，卻不知其所以然。而我國目前法學教育的方法以及考試領導教學的現實，更加惡化了這種學習的缺失。

只背條文將是匠氣及目光如豆

我國目前法學教育大都習於採取講授的方式，也就是由老師在講台上有系統地講授課程內容，學生坐在下面聽講記錄。在這種被動學習的方式下，也較忽略學生主動學習、創造思考與論辯表達能力。而由於上課內容，也以抽象的原理原則及法條文字釋義為主，而非以實際法院案例為主，也使得學生對法律的初步印象，除了抽象之外，還是抽象。常見學生之間，對法律的了解或判斷學習成效，競相以能記誦多少學說與最高法院判例、法院民庭或刑庭決議對於某一條文規定的解釋作為比較標準。如此，所謂再好的學習，也至多只是「六法全書的蛀書蟲」。而只在條文中打轉，卻易養成法律人的匠氣及目光如豆的狹隘個性。而對於法律只知其然，不知其所以然，凡事只以法律條文為準，卻不能說明法律為何是如此規定，也容易形成法律人想當然爾的「霸氣」及僵化思考。

再者，法律規範為了形式上的公平，相當強調普遍、客觀、安定，也使得法律規範的內容相當地抽象。法律規範從具體個案，逐漸累積，歸納而成，其實就是一種從具體到抽象的過程。而將法律規範適用到具體爭訟，則是從抽象的規範經由解釋再具體適用到個案的過程。不論是從具體到抽象，或從抽象到具體，

其中的過程實際就是一種簡化。

操作法律要注意對人的關懷

大家比較能了解的是從具體到抽象的抽象化過程，是一種簡化的過程，從抽象到具體未嘗不也是一種簡化的過程。為了將抽象的法律規範適用到具體個案，我們會將個案的人事時地加以抽象化（去特殊化），以決定其應屬於哪一個法律規範之範圍。

法律學習所傳授的就是如何地化繁為簡，如何地再以簡御繁。當然，我們也了解這是法律制度的不得已，所以我們也經常被提醒在追求一般正義之時，也要注意個別正義。但是，這樣的學習過程，也使得學法律者，常會無意地或有意地，過度地簡化了複雜多變的人生、自外於真實人生。而在抽象地操作法律的過程中，也容易忽視每個人的特殊性，進而喪失對人的關懷。

因此，如果我們了解了目前法律學習的過程中，可能會產生上述的負面現象，我們在學習法律時，就要隨時保持警覺。不能只以學習「當前的法律規範是什麼」與「法律規範要怎麼用」為滿足，同時也應探究「為什麼要有法律規範」與「法律為何是如此規定」。我們也要多關心與了解社會現象。當然，對於人、人的行為與人際互動也要有一定的認識與關懷，並保持對人生的熱情。

謙虛多學，尊重善用他人專業知識經驗

我們也必須體認要學好法律，並不能只是鑽研法律這一門學

問。文史哲等人文學科及數理化等基礎自然科學的學習，可以增進我們人文素養與學習研究其他學問的基礎；社會科學的學習，可以增進我們對社會現象的認識；而自然科學的學習，也可以增進我們對於自然與生命現象、生態環境及科技應用的知識。而這些不同領域的知識，都可以開拓我們的視野，擴大我們的胸襟，讓我們腦筋活潑。有助於我們了解法律與人的行為及社會生活的互動、法律的基礎、法律的功能，以及如何用法律來解決社會問題。

此外，對於社會生活現象與人際關係的了解，以及法律規範的功能，必須親身體驗與實地操作，才能有活的具體經驗，作為印證對照。當然，我們很難全部掌握所有不同領域的學問，也很難嚐遍人生各種經歷。但了解學習的拘限性與生活經驗的不足，應該會讓我們更謙虛地多聽、多看、與多學，並尊重及妥善利用他人的專業知識與經驗。

共勉之！

寫於 2003 年 6 月

英雄不怕出身低

小 檔 案

星座：天蠍座　　　　血型：O型

現職：文化大學法律系教授

學歷：高中／新營中學（1967-1970）

大學／文化大學（1971-1975）

其他／德國海德堡大學法學院研究（1978-1980）、德國慕尼黑大學法學博士（1980-1985）

經歷：文化大學法律系系主任、法研所所長（1998-2000）、華岡法學基金會董事長（1996-2002）、行政院公共工程委員會諮詢委員（1999迄今）、中華民國仲裁協會仲裁人（1995迄今）、律師（1977迄今）

給法律人的一句話

機會均等，認真恆久遠，有理想，去行動，365行，行行出狀元。

興趣與休閒：史地、自然、騎車、健行、影劇。

對法律學科的喜好：最喜歡民法，尤其是比較民法。

影響最深的師長：王寶輝老師獲悉我普考榜首時說了一句重話：「小時了了，大未必佳。」我肅然警惕。

法律對自己的影響：擇善固執、理直氣壯，難免惹人厭煩。

目標與夢想：凡我學生，都成第一流的法律人，無論從事任何行業，都是楷模；期待法治普及兩岸朝野，國泰民安。

對法律系學生的普遍印象：短視近利的人多了些。

對法律系學生的建議或期許：全方位的融會貫通，忠厚誠信，止於至善。

更新內容

Dear 年輕學子們：

我出身於連孔子都自嘆不如的老圃，直到高中畢業，農忙時我每天清晨四、五點就得揉著眼睛下田；沖洗了渾身汗水泥垢，才拖著疲憊，踩著腳踏車上學去。

出身農家，異鄉賣冰枝才知該讀書

我高中讀的體育實驗班其實就是牛頭班，只管跑跳嬉戲，讀書不必在意（短跑女王王惠珍的教練、前夫蔡榮彬就是我的同窗）。高中畢業的我拎著包包隨著「盲流」南下新興都會闖天下，高雄火車站內的就業輔導中心只能幫我找到一個我唯一會做的工作：做枝仔冰，月薪800元。老闆看我領有機車執照，要我順便送冰，外加100元。我忙冷（進門）忙熱（出門），騎著機車在熾熱的港都花街柳巷送冰，想必是狼狽極了，竟然連「站壁的」都懶得多看我一眼。一連數月的無趣，我漸漸懷疑自己的能力與前途，開始深夜驚醒：難道我就這樣過了一生？

直到有一天送冰送到高雄醫學院，才叫我見識到大學生的生活情境：制服整潔的青年男女抱著洋文書有說有笑，或樹蔭下讀書，或競馳田徑，個個青春有勁，前途一片光明的樣子。而我，怎麼差這麼多？

念大學的念頭第一次出現在我的腦海！

我腦筋急轉彎，決定去找嘮叨得令我厭煩的大姊，一時不敢置信的大姊趕緊鼓勵我辭去工作，收留我，供我補習及生活費。我就這樣拾起陌生的書本，夜以繼日，以三個月的時間，嘗試彌

補過去高中的空白。

年入華岡，從此一生相許

聯考放榜了。正當人家為考上私立大學懊惱不已的時候，我卻因為竟可考上文化大學而雀躍不已。初上華岡，我就像劉姥姥進了大觀園，好奇極了。高中時期沉迷於武俠、言情小說，未曾接觸什麼社會科學，文化大學法律系一年級課表上的政治、經濟、理則學等科目都讓我欣喜不已。我每進入一科，即為之著迷，每每發問請求老師釋疑，又到處蒐集相關參考書籍，必至理解滿意方始罷休。這個好奇心使我的文化大學法律系四年忙得不得了，直到10年後回校任教，我才開始學習認識陽明山！

大學時代的飢渴求學，的確有收穫：我一直維持班上第一名，以至畢業典禮上代表全體畢業同學接受張創辦人曉峰先生頒給第一名獎狀。創辦人早在我大二暑期普考榜首時接見過我，他就以寧波國語對著一個鄉下小孩說了「重話」：林同學你的表現是我們華岡的光榮，請繼續努力，畢業後送你出國留學！

我的確有夠土，根本不知道當時已經得到一個許多人夢寐以求的留學獎學金。的確，創辦人開始為我保留獎學金（遇人捐款設獎學金，創辦人就指示保留給我出國用，足見當時校庫之困窘），文化大學也從此有了「培養師資專案」；我就是該專案第一個受惠者，母校無條件供我留德全額獎學金，內人也獲得補助前往，一切比照教育部公費待遇！

這正是：英雄不怕出身低，浪子回頭永不遲；捲起褲管潦下

去，國立私立不是問題！

讀什麼法都需要全方位的融會貫通

　　考上大學靠苦讀（讀得很辛苦）強記，上了華岡念法律才知這根本行不通。我看了法條，不解其意，讀了課本，猶入迷宮，根本不著邊際。於是我決定徹底解決問題，乃自行發明「單元推進法」，每一學科按其前後章節劃分單元，就各單元廣習相關條文、判解及著作，必俟前一單元真相大白，始進入次一單元；有時候卻又前後單元交叉比對，縱橫遊走。從此我天天浸淫法域，時時享受領悟的快感。我並沒刻意背誦法條，但條文自然與我熟悉；我未曾快讀一本法律書，卻同時翻遍了好幾本書。我自稱這就是「全方位的融會貫通」，民法如是，刑法亦復如是。

　　我在法學初階「趴趴走」，認真有勁，充實享受，不但未曾感受絲毫「苦讀」，反倒是快樂極了。但我承認部分我的同學真的讀得很辛苦，我現在的學生也不乏苦讀之士！除去部分真的興趣不合的同學之外，大部分「苦讀」的同學不是沒用功、不專心，就是因循高中時代填鴨式的背誦方法。試想：法條浩瀚，學理無邊，僵硬的背誦條文及課本，如何因應千變萬化的案例解析？

　　所以，「全方位的融會貫通」想必是成功的法律人共同的求學方法，而且，無論教學或做官做事，恐怕也得全方位的融會貫通才能實至名歸、功成名就吧！

　　我專心一意求知求學，初不知念法律有何前途，也未曾以考

取司法官、律師爲職志。我反倒想繼續深造，尤其到那個遙遠的德國，去見識並求證我國法治的模範，一旦如願以償，我眞想從事學術研究工作，以教書爲終身職志。

感念無數貴人，熱誠一以貫之

所以，服完兵役後我沒有繼續執業律師，也沒有念完政大法研所碩士班，我在創辦人的敦促下，領取華岡母校的獎學金赴德，前後在海德堡大學及慕尼黑大學遊學6年6個月，直到1985年2月底獲取博士學位回國。此時創辦人已因年邁長期住院，口齒更加困難，相見筆談不捨道別，實不勝噓唏之至。我獲王寶輝及焦仁和老師讓課，決心婉拒其他邀約，專職回母校任教，迄今18年來未曾中輟。如今我已滿頭白髮，但聲音依舊宏亮，仍然不斷的「公然侮辱」不知上進的後生晚輩，顯然我「誤人子弟」的熱誠未曾稍減。

孔子說：吾道一以貫之，唯忠恕而已。我念法律實亦一以貫之而已；無論求學或教書，奉行不渝！時下一般年輕人，包括修習法律的後生晚輩，不乏欠缺理想與鬥志的，其中有因循苟且、得過且過的；有動機不良、行爲不正的。誠所謂世風日漸，不復往常。

有鑑於此，我謹以上述親身體驗及心得，充爲法律後進的參考。其中至少包括：

第一、念法律不必在意自己的出身，只怕沒下定決心。

第二、只有努力耕耘，才有豐富的果實；天下固乏不勞而獲

者，法學一途則更無之。

　　第三、熟習法條誠然必要，全方位的融會貫通更是訣竅。

　　第四、認真踏實，宅心忠厚，誠信原則，謹守本份，竭盡所能，一以貫之。求學如此，為人處事亦必如是。

　　第五、「近朱者赤，近墨者黑」，雖非必然，但例多如此，請謹慎擇友，切莫失足。

　　謹此與法律後生晚輩，共為勉勵！

林信和

寫於 2003 年 5 月

法律人要有法感

/林國全

小 檔 案

星座：天秤座　　　　血型：O型

現職：政治大學法律系教授

學歷：高中／師大附中（1972-1974）

　　　大學／政治大學法律系（1975-1979）

　　　碩士／日本神戶大學（1985-1987）

　　　博士／日本神戶大學（1987-1990）

經歷：大台北瓦斯公司股務課（1981-1984）

　　　淡江大學公共行政系副教授（1990-1992）

給法律人的一句話

不要把法律念死了

興趣與休閒：游泳（原則上全年無休），因為不需配合別人，一個人隨時可去。

對法律學科的喜好：最喜歡的當然是自己專精的公司法與證交法，不喜歡的沒有，不懂的倒很多。

影響最深的師長：國內是賴源河老師，沒有賴老師當年的幫忙，我不可能走上學者之路。

法律對自己的影響：是我謀生的工具，影響當然大了。

目標與夢想：退休。

對法律系學生的普遍印象：可愛也可憐。

對法律系學生的建議或期許：不要再濫設法律系了。

更新內容

各位年輕法律學子：

你（妳）們好。我是政治大學法律系的教師，林國全。

在法律系任教超過十年了。夜闌人靜時，偶爾也會自問，這些年來，到底是在「作育英才」或「作賤英才」？是「誨人無數」或「毀人無數」？

不過，無論如何，比起我自己的「年輕法律學子」時代，這幾年來所面對的少年仔，只能說可愛，但也可憐。

高度學習熱忱最可愛，身陷國考夢魘教人憐

可愛，是因為絕大多數同學，都對法律的學習有高度熱忱。法律系，是當前的熱門科系。絕大多數同學，是以法律系為第一志願考進來的。自始就已確定目標，所以能夠很快適應，也能自動自發。因此，現在，在大學法律系教書，還真頗有幾分「得天下英才而教之，不亦樂乎」的快感。這和我在 1975 年考上法律系時，班上不少同學，包括我在內，是在當時先填志願後考試的聯招制度下，糊裡糊塗被分發到法律系，渾渾噩噩，志未必在此，將錯就錯念下去的情形，大大不同。

但，現在的法律系學生之所以可憐，也是肇因於此。絕大多數同學，進了法律系，似乎就註定踏上面對「國考」（司法官特考及律師高考兩項國家考試的簡稱）的不歸路。我大學畢業那年（1979 年），律師高考及格人數，不要不相信，只有 7 人。在那個年代，法律系畢業，能通過國家考試的，皆非凡人。不少同學，自認「尚屬正常」，早早放棄，各謀生路去了（還可阿Q的說，

我是沒去考，不是沒考上）。但這幾年，律師及格與司法官率取人數大幅提升，司法官錄取人數大約都維持在100多人，律師及格人數曾高達500餘人，通常也都有200-300人。通過國考，似乎不再像以往那樣幾近不可能，於是，心無旁鶩，全心全力準備國考，更成爲當今法律系學生的宿命。通過國考，儼然成爲肯定自己的唯一途徑。

不過，相對於超過5千人的報考人數，能通過國考的，終究仍是鳳毛麟角。多數人，還是飲恨試場。而且，年復一年，屢敗屢戰的，大有人在。國考，對大多數法律學子，仍是個夢魘。

念法律要興趣與「法感」兩相配合

這幾年，「經手」了不少學生。我必須很殘酷的說，在現實的大環境沒有重大改變的前提下，並不是每個人都適合念法律，也不是每個人都有能力念法律的。

念法律，首先要有興趣。興趣，用來支持你（妳）去念那些硬繃繃的法律條文以及各說各話的學說理論。但只有興趣是不夠的。這些年來，看過一些用功的學生，可以把法條的規定、課本的內容、老師的課堂講述，背得滾瓜爛熟。這些學生，念得也頗有興趣，也有成就感。因爲，確實因此累積了很多「知識」。但是，一碰到實例問題，卻往往傻了眼，掌握不到問題核心。有一肚子知識，卻不知該如何有效運用。

有人用欠缺「法感」，一個微妙不可捉摸的說法，來形容這樣的法律人。「法感」，其實就是能分析事理，找出問題核心的

靈活而清楚的思辨能力。知識，可以靠苦讀累積。但清晰明快的思辨能力，雖然並非不能藉由後天的訓練加強，不過，有些先天邏輯推理能力較弱的人，恐怕必須愼重考慮自己是不是適合走法律這條路了。

當然，光有超強的邏輯推理能力，如果不能踏實的累積豐富知識，也是不能念好法律的。總而言之，念好法律，是需要興趣與能力兩相配合的。

請再省思，做出適合自己的抉擇

各位要好好評估自己是不是適合念法律，如果讀來覺得實在無趣，或者空有興趣，卻總是事倍功半，讀不出好成績的話，就該重新考慮是不是要另尋更廣闊的天空。尤其是後者，看過太多學生，面對以通過國考做爲肯定一個法律系畢業生能力的世俗壓力下，年復一年的騎著瘦馬挑戰風車，實在令人心痛。

很抱歉，沒有說那些「只要付出，必有收穫」之類的勵志溫馨小語。我眞的認爲，無論你（妳）是正打算進入法律這個領域，或是已陷身在這個泥沼，都該好好省思自己究竟適不適合念法律，做個好的抉擇吧！

以上。祝
身心愉快。

林國全

寫於 2003 年 4 月

是非觀念常駐在心

許宗力

星座：水瓶座　　　血型：O型

現職：台灣大學法律學院教授，兼法律學院院長

學歷：嘉義高中（1970-1973）

　　　台灣大學法律學系學士（1973-1977）

　　　台灣大學法律學研究所碩士（1977-1981）

　　　德國哥廷根大學法學博士（1982-1986）

經歷：行政院公平交易委員會委員（1995-1998）

　　　台灣法學會理事長（2002迄今）

　　　政府改造委員會委員（2001迄今）

　　　中央選舉委員會委員（2003）

　　　民間司法改革基金會董事（2003）

給法律人的一句話

保持赤子之心

興趣與休閒：閱讀（喜歡歷史、科幻小說），音樂（尤其對斯拉夫音樂著迷），與家人、朋友一起旅行，與家人在一起的居家生活。

對法律學科的喜好：憲法、行政法，對基礎法學也很有興趣。

影響最深的師長：翁岳生、李鴻禧、馬漢寶。

法律對自己的影響：養成對公共事務的關心。

目標與夢想：深化、鞏固台灣的民主和法治，建構一個成熟的公民社會。

對法律系學生的普遍印象：人中之龍、人中之鳳。

對法律系學生的期許：一起深化、鞏固台灣的民主和法治，共同建構一個成熟的公民社會。

更新內容

Dear 年輕的學子們：

在法律系擔任教職多年，有一些感觸，也有一些心得，我很願意利用這個機會跟大家聊一下這些感觸與心得，或可供大家參考。我不談高深理論，不引勵志格言，也不想八股說教，就平實地談談大家在學習法律這個階段所面對的幾個切身問題。

認清法律的真實人生，永保赤子之心

首先談為什麼要讀法律。這是法律新鮮人在一起時最常聊到的一個話題。如果你給的是類似濟弱扶傾、維護正義等正氣凜然的回答，恭喜了，你是這個領域的稀有動物，希望你日後在法律的職場奔馳時，能夠把這個目標「朝朝勤拂拭」，不要時間越久，最後只剩跟別人比較幾棟高級樓房、幾張俱樂部會員卡、是否開得起雙 B 轎車而已。

其實，以法律為志業，理由縱使不是那麼的正氣凜然，而是老老實實道出想要藉此名利雙收，或就業有保障的心聲，雖然有點市儈，不過，沒關係，不要覺得不好意思，這是基於人性的正當理由，可以作為在人生旅程衝刺的動力。只要有學法律是用來保護自己，幫助他人，而不是用來傷害他人的基本認識，就夠了。幾年的教學經驗，曾碰過少數幾個所謂的「法律人」，法律尚未學通，就以半調子的法律知識「替天行道」，四處檢舉，興訟無數，美其名行使憲法賦予人民的訴訟權，被人鄙視，視為瘟神，還洋洋得意。每當聽到這種指摘，當老師的內心只能淌血。

通常，在同學面前，我不會也不敢把正義掛在嘴邊，學法律

說正義，老實說，有點沈重。正義不是老師可以在課堂說教的，而是需要大家各自隨著人生經驗的累積，以敏銳的嗅覺去認識、體會的。人生經驗越豐富，你越會發現現實的殘酷，與社會的不完美，越發現更多不正義的存在，就越發興起百般無奈的無力感。不過，沒關係，當你發現社會的不正義，就表示你還有赤子之心，還有正義意識，這其實正是社會進步的原動力，怕就怕法律人被充裕的物質生活蒙蔽了心智，削弱了批判力。

具專業與開闊視野，養成健全成熟的人格

其次，想跟各位談談學習的態度。在越來越分殊化的社會，法律人若要在將來有所發揮，除對法律專精之外，最好也涉獵其他周邊學科的知識，有機會修輔系，乃至雙學位，更好。我越來越覺得我們國家訓練出來的法律人競爭力有待提升。將來各位在社會上，遇到的未必是純粹的法律問題，可能是與工程、科技或金融有關的法律問題，不一而足。所以我建議各位在學習法律之餘，可以考慮分配一點時間在法律之外的學科，對各位將來法律生涯的成功，定會有幫助。涉獵其他知識，除著眼專業的考量，更重要是視野的拓展，與健全、成熟人格的養成。我要強調，法律人不能只懂得法條，還要有文史哲的人文素養，我們更要認識到，法律是人類民族精神的產物，不能認識其背後的政經社文條件，就無法了解法律的精髓。諸位切記，專注法條，欠缺廣闊視野以及人文素養與關懷，充其量只是一個目光如豆的法匠。

法律人將來在社會上要有競爭力，還必須具備好的語文能

力。之所以要非常強調語言，是因為全球化時代，我看到社會上高度需求具備外語能力的法律人才，我也看到學生出了社會之後，由於語言問題無法把握而錯失先機的窘境。我非常希望各位多花一點時間給語文，特別是英文。在進一步強化英文能力之餘，我也鼓勵法律人能夠嘗試去學習第二外語，掌握第二外文不僅有利於拓展視野，對將來面對各種工作上的挑戰也會是一種優勢。歐洲大部分國家的大學生基本上都是兩種外語以上的訓練，這是值得我們警惕與學習的。

要守得住基本的是非觀念

國考也是一個大家關心的問題。畢業後考國家考試，幾乎是所有法律人必經之路，也是學校老師所鼓勵的。只是要認清楚一件事情，不是每一個法律人都一定考得上法官或律師，其實，除了法官、律師，還有各種行政人員高考，都是亟需法律人投入的公務領域。國家考試一試不中，再試固無不可，我個人的建議是，頂多考個4或5年，考不上就別再試，趕快轉行，另尋出路。我總認為專為國考而花4、5年光陰，多少會扭曲一個人心智的。其實，每一個人前途都是很寬廣、很多元的，誰說讀法律就一定要走法律這一途？法律人同樣可以在財經、產業界服務，而且因為有法學的訓練，思考可以比其他人更縝密，相信表現也可以更好。當今社會，你們可以看到眾多法律人在各行各業大放異彩，就是很好的例子。

最後要強調的是，我們法律人最重要的就是要有基本的是非

觀念，而且要守得住。這句話聽起來沒有什麼了不起；但事實上法律人出了社會之後，若沒有基本的是非，把持不住，害了自己，也害了社會。這些話對學法律的年輕朋友講，也許早了一些，各位也許也會覺得又是老套，但我還是嘮叨地提出來，作為這封信的結語。

寫於 2003 年 6 月

坐擁法律寶山

鄭中人

小 檔 案

星座：金牛座　　　血型：B 型

現職：世新大學法學院院長

學歷：大學／東吳大學法律系（1968-1973）

博士／美國史丹福大學法學博士（1988-1993）

經歷：宏碁電腦公司法務主管（1982-1988）

台灣積體電路公司法務主管（1992-1992）

台灣茂矽電子公司法律顧問（1993-1995）

明碁電通公司法律顧問（1995-1996）

交通大學通識課程兼任副教授（1993-1999）

輔仁大學法律系兼任副教授（1993-1998）

給法律人的一句話

法律是社會的產物，無法自外於社會。深入社會、直指人性，才能透澈法律；應用法律、解決問題，才稱得上是法律人。

興趣與休閒：閱讀及植栽古玩

最喜歡和最不喜歡的法律學科：最喜歡的是著作權等智慧財產權，最不喜歡的是刑法。

影響最深的師長：盛子良老師

影響最深的事件：在 1970 年中創立東吳大學幼幼社（從對於兒童、孤兒的關切與愛護等基層工作著手，發揮幼吾幼以及人之幼，老吾老以及人之老的精神）。

法律對自己的影響：改變35歲以後的事業

目標與夢想：改革我國專利制度，對我國法學教育的改革希望有所貢獻。

對法律系學生的普遍印象：少了點執著與熱情

對法律系學生的養成建議或期許：法律教育必須在學士後的專業訓練。期許法律系學生對法律以外的科學應有大學程度的完整訓練，至少具備經濟學的基本常識。

更新內容

親愛的法律新鮮人：

大家好，非常歡迎大家成爲法律家族新鮮人，經歷多年的煎熬苦讀，此時應該可以稍微鬆一口氣吧！請以愉悅心情期待，暑假過後就要邁入生命另一個重要的領域，實際體會多采多姿的大學生活了。

法律家族傳統上非常照顧新鮮人

法律是一門古老的學科，幾乎每個學校的法律系都有著不同特色的傳統，而且無論在學習上或生活上，都會有許多的老師或學長樂意提供經驗，幫助新鮮人盡早適應，並等待各位爲法律家族注入豐沛的朝氣。

在國家邁入現代化之際，法律扮演著重要角色，每年有越來越多的學子選擇法律系就讀。此時，要請新鮮人略爲沉思一下，選擇法律系不要只是想著未來的出路或社會評價的高低，更重要的是心中眞的存有那麼一種對社會、人群的由衷關懷！學校的課程除了教導法律知識之外，更嘗試提供各種培養學生獨立思辯能力與服務社會熱忱的機會。入寶山，當取就要盡情的取。

回顧我在1968年依聯考成績分發進入東吳法律系，當時對法律本來就談不上什麼興趣，加上先父一再轉述先祖母的遺言，禁止子孫從事判官的工作，當時心想既然不准當律師，也不許做法官，讀起來因此更沒什麼勁。懵懂的大學時期，慶幸有了幾位經師人師的開導啓發，否則還眞有可能空手走出寶山呢！

可敬的恩師令人永遠感念

　　教民法總則的武憶舟老師，要求學生上課一定要記筆記，理由是「好記性，不如爛筆頭」，這八字箴言影響我一生，以後凡是工作或讀書，遇到好的談話與文字，都盡量做筆記，真是受惠無窮。大三債篇總論的范馨香老師當了大法官，改請李模老師代課。李老師上課常問同學問題，我若舉手回答，老師緊接著會又問「為什麼」，經常問得我招架不住，想不通老師為什麼要問理由？為什麼要這樣問？想不通就往各種教科書裡找資料，但很少找到能讓老師滿意的答案，因為書上寫的都是一般概述，每位學者所重視的問題各異，主張也不盡相同，必須對不同見解思索其邏輯與依據，方可融會貫通，總其大成。如此一年的訓練下來，養成我後來看書都會努力去了解並吸收作者的獨特見解的理由，真是感謝李模老師的耐心引導。

　　英美契約法老師是當時的法學院長呂光，最大特色是上課要同學起來講判決摘要，然後問問題，同學只要回答尚可，就會被誇讚「good, get point! next case!」，很具激勵作用。

為了愛讀英美判例法，從猛查字典到悠游其中

　　我喜歡英美法的主要原因是讀判例法較有趣，可以透過詳閱每個判決的事實和爭議、原被告的理由，以及法官從原被告幾乎相衝突對立的理由選擇其結論的推理；讀到法官的判決時，再回頭對照事實與爭執問題，頓時了解法律的內容及規範價值，實際

需要解決的爭點與法官的主張理念，一一浮現，拉近了法律與研讀者之間的距離感，更提供豐富的參與感。這是當初其他國內法課程所沒有的享受。

契約法的課每週指定 5 、6 個判決，每一個判決我一定至少看 3 次以上。剛開始因爲英文程度不好，單字又認得不多，查字典眞是查到手酸，不過一路讀下來，要查的單字愈來愈少，讀來日益順手。從這個課程也體會，其實不一定老師必須如何教，最主要是要帶動、誘導學生對課程主動參與的興趣。

最懷念政治學的呂春沂老師，他課講得眞是好，很讓我尊敬，說到維也納學派的行爲理論，我聽得心都飛到維也納去了，開啓了我跨科系、學派學習的視野。而侵權行爲法是恩師盛子良老師教的，他引導我在英美法上更深入學習，課餘還教我如何讀書，如何寫論文。記得我經他私下指導所寫的第一篇論文是「negligence」，眞是不知天高地厚，不自量力，用盡力氣寫出來拿給老師看，老師笑笑地說還要再加油，不知改了多少次他才勉強接受，但投到當時法學院刊物〈法聲〉也沒有被接受。

爲維護智財權參與對美爭訟、赴美攻讀博士

可惜的是，我在大學時必須爲生活打工，且花費在社團的時間更多，除了前述學科之外，幾乎都是在應付考試，但求 60 分。後來，在國會擔任助理時，開始接觸廣泛的法案政策，不但增廣視野與對人事物的接觸及判斷能力，也因緣際會參與施振榮先生創辦宏碁的團隊，從企業法務工作中深切體會智慧財產權法制的

重要性，並邀請當時各電腦公司法務與相關學者、律師組成一個讀書會，分享互勉，並共同對抗來自美國的訴訟、法案及貿易談判壓力。

　　正因為日益感覺所學不足以應付台灣發展上的需求，恰逢美國史丹福大學給我直接攻讀博士學位（SJD）的進修機會，我便斷然辭去當時人人稱羨、備受老闆禮遇的工作，以41歲高齡苦讀到46歲才取得博士，再回到台灣任教。

　　以上是我的讀書經驗雜談，無論如何，建議諸位法律新鮮人好好掌握這幾年的大學生活，進德修業、交朋友、玩社團都好，但是千萬別錯過了言語或文字難以形容的、接近知識的喜悅與激動。

世新大學法學院院長

鄭中人　敬上

法律是無限發展的選擇

城仲模

小 檔 案

星座：天蠍座　　　　血型：A 型

現職：司法院副院長（1999迄今）

學歷：初中／長榮中學畢業；高中／台南市立中學高中部畢業
（1957）；大學／東吳大學比較法律學系畢業（1962）；碩士
／日本早稻田大學法學碩士（1966）；博士／奧地利維也納大
學法政學博士（1970）；其他／東京大學法研所研究（1966-
1967）、美國威斯康辛大學博士後研究（1970-1971）

經歷：行政院參議、科長（1971-1973）；政戰學校法律系系主任
（1973-1977）；中興大學法律系教授、系主任、所長（1977-
1982）；中華民國十大傑出青年（1978）；維也納大學客座教
授（1980-1981）；台灣省政府省府委員（1982-1990）；考試
院考試委員（1990-1994）；司法院第六屆大法官（1994-
1998）；法務部部長（1998-1999）

給法律人的一句話

學無止境

興趣與休閒：參加藝文活動與運動。如在豔陽下快步長途健行、登山、接近大自然、享受自然浴。

對法律學科的喜好：最喜歡公法學（憲法、行政法）、法哲學、刑法學及法理學。

影響最深的師長：胡適、林茂生、黃彰輝及黃武東（後二名均為牧師）。

影響最深的事件：1945年美軍空襲轟炸台南（我的故鄉）、二二八（白色恐怖）事件、清鄉、靖綏肅清（白色恐怖）活動及美麗島事件。

法律對自己的影響：學習法律讓我言行舉止更加謹慎，思考更加縝密周到，對事理更加注意邏輯推理演繹。

目標與夢想：期待台灣能夠建設成為一個具實質法治文化的社會。

對法律系學生的普遍印象：對社會人文、自然科學、社會生活、應用科學的體會似須加強。

對法律系學生的建議或期許：對法律人有以下四點期許：

1. 提升自我能力及人格修為。
2. 培養愛鄉愛土的情懷。
3. 內化鑑賞藝術的涵養
4. 擴展國際視野。

更新內容

Dear 年輕朋友：

日裔美籍教授弗蘭西斯・福山曾說：「法治社會是西方文明最驕傲的成就」（註），個人從事法學研究及法律實務工作時，深覺意義非常深遠。同時，我們觀察世界各國維繫社會秩序的方法，不外有三：第一是宗教信仰，第二是倫理道德，第三是法律的建制。仰賴前二者的國家，往往都是流於人治而顯得落後；以法律建制的國家，則多半是較重視人民福祉的法治國家。若再證之這些法治國家的政商領導精英，法律人占了極高的百分比。因此，更多有理想與抱負的優秀人才，選擇法律專業領域爲一生職志，共同參與推動我國繁榮富足的法治建設，是一件十分可喜之事。

考試制度的變革及修正不能再等

迄今，台灣已有 30 多個大學法律系所，每年畢業生成長迅速，然而，國家考試有關法曹（含法官、檢察官及律師）錄取及格人數卻不到 500 人（2002 年合計共錄取 479 人），以往甚至更遠低於這個數字。因此，法律系畢業生必須歷經國家考試窄門嚴峻的考驗，才有資格擔任「法曹」的工作，造成學生只重考試、上補習班，彷彿法律的範圍僅有國家考試科目這部分，不但未能充分利用在校期間廣泛汲取法學知識，其他現代社會生活必備的自

註：引自弗蘭西斯・福山（Francis Fukuyama）所著《跨越斷層——人性與社會秩序重建》（The Great Disruption — Human Nature and the Reconstitution of Social Order），1999，張美惠譯，頁 34。

然科學與社會科學重要的修涵，更是闕如。

曾有大學法律研究所學生著書，呼籲高中學生「千萬別來念法律」，雖然這個想法可能太過偏執，卻也眞實反應部分現實狀況。由於制度的問題，浪費了年輕人寶貴的青春歲月，實在令人惋惜。尤其，若能趁國家大力推動司法制度改革之際，促成法曹考試制度的變革及修正大學法律學院的任務、編制、組織態樣、與授課的內容、方式等，將可造福更多年輕學子得以致力於法學者素養的提升。

對法律人的殷殷期許與提醒

個人曾在日本、奧地利及美國留學，放棄國外高薪回到台灣家鄉服務也已三十多年，一直秉持以下人生觀：（1）以宏觀角度思考問題，以自我理性爲中心，以自主、自信看人間事；（2）積極追求對生命尊貴的絕對尊重、生存條件的充實增進與生活品質的無盡提升；（3）凡事由台灣角度出發，參酌地球村的新情勢，並以台灣人民福祉的立場來觀察任何世間事及思考當今的台灣和其未來。

回國後，本人一直在大學法律系（所）任教；秉持上述理念，冀望能培育優秀的法律人才，厚實國家永續發展的基石。是故，個人對法律人有以下四點期許：

第一點：提升自我能力及人格修爲。

在學期間，應該多接近「良師益友」，廣闊研閱世界名著，並認眞自我訓練，培養自己分析解決問題、克服困難及思維推理

等能力，否則，將來無法面對社會的競爭。且所有法律人必須懷抱希望，學習體群與做人，追求理想與憧憬前程，並形塑仰俯豁達的自主性品格，秉持自尊自重胸襟，完全了解自我，發揮自我本能，實現肯定自我。另外，凡事思維，務請體會「無我」的修持境界。

第二點：培養愛鄉愛土的情懷。

唯有厚植愛鄉愛土的意識及其基磐的延伸，才會眞正自然流露愛社會愛國家之感情，這是法律人所應該具備的情懷。由於我們的教育內容中沒有深刻教導人民認識自己的家鄉，缺少心靈裡最感需要的歸屬感，欠缺對鄉土的認同，讓學子們的內心世界像浮萍般一直在飄泊著。正常且爲眞實自然的教育方式好比一個人出生後，由母親哺育、教我們說話，認識周遭，她是我們最初接觸和認識的人，然後才是兄弟姐妹與其他人；但是學校課程內容卻甚少提及生長的土地，反而卻要我們認識遙不可及陌生的地方，這當然嚴重的違反人性自然。

藝術可探求心靈本質，提升事理分析判斷能力

第三點：內化鑑賞藝術的涵養。

美國知名管理大師 Peter F. Drucker 在《巨變時代的管理》（Managing in A Time of Great Change）中提及二十一世紀資訊、環保、社會建設的基礎最需要人文素養，而人文素養就是要從鑑賞藝術開始，多鼓勵藝術發展、欣賞藝術，人的心性與思緒就會安穩，人與人的關係就會平和，人文藝術回歸大自然的眞實，把

人當做人看，人就像人。法律人在追求專業智能的精進時，若能透過藝術探求人類心靈的本質，將有助於自我的成長與提升及對事理的分析判斷。

第四點：擴展國際視野。

在網際網路發達的現代社會，身爲地球村的一員，已無明顯國界的藩籬，我們不能再圍於蕞爾島國的心態，要以宏觀的視野，全球人類的角度來思考及解決問題。此時，語言自然成爲與外界接觸所必要的最重要工具，多學會一種語言就多一次與其他族群或國家人民溝通的機會，甚至能夠進一步欣賞學習體會其他的國家事務及文化之美，開擴自己的國際觀。

總之，法律是社會科學領域中規範人類行爲的準則，欲圖以有限的法律來制約無窮之人事，實非易事，尚賴法律人之豐富人生閱歷、增進生活智慧及充實法律知識，並輔以各項專業領域智能以補法律之不足，提出定紛止爭的方法及實現公平正義的所在。尤其，在進入法治國家的境界時，社會上各行各業亟需法律人才，法律人只要能做好自我充實及自我訓練的準備，學習法律，絕對是發展無可限量人生前程的最具智慧之選擇。

城仲模

寫於 2003 年 5 月

做一個有價值的律師

范光群

小 檔 案

星座：雙魚座　　　　血型：AB 型

現職：台灣省政府主席、國立台北大學法律學院兼任教授、總統府顧
　　　問

學歷：高中／省立新竹中學；大學／國立台灣大學法律系（1961）；
　　　碩士／美國哥倫比亞大學法學碩士（1972）；其他／司法官訓
　　　練所第六期畢業（1964）、美國西南法律基金會美國法及國際
　　　法學院結業（1971）

給法律人的一句話

人生是不斷求取進步的過程，因此，君子自強不息，以生命之光熱增益人群。

經歷：行政院客家委員會主任委員（2001-2002）、總統府國策顧問（2000-2001）、總統府跨黨派小組委員（2000-2002）、台灣台中地方法院法官（1965-1966）、台灣台北地方法院法官（1966-1971）、司法院民事訴訟法研究修正委員會委員（1988-2000）、考試院專門職業律師高等考試典試委員（1996，1997，1999，2000）、美國 Mc George School of Law University of the Pacific 講座（1988-2000）、中華民國律師公會全國聯合會理事長（1996-1998）、台北律師公會理事長（1993-1996）

興趣與休閒：游泳、閱讀、品酒、品茶、園藝。

對法律學科的喜好：最喜歡法理學、民法、民事訴訟法。

影響您最深的師長：洪遜欣、韓忠謨。

對法律系學生的建議或期許：不斷充實自己，並增進社會品質。

更新內容

各位年輕的法律人：

我是新竹縣客家人，父親繼承祖訓與家風，熱心地方公益之餘，非常重視子女教育，每晚必在家宅高平堂小會客室陪孩子們做功課，直到小孩做完功課去睡覺，他也才就寢，奠定10位兄弟及2位姊妹良好的學識基礎。

依興趣求學才會有向前衝的動力

家父緬懷感念先祖父洪德公以醫道濟世的精神，從小便希望我能選讀醫科。而就在高三寒假結束的開學前，我深覺自己的興趣是讀法政，便鼓起勇氣去見父親，父親聽我說完後，只問了一句：「你現在才改變來得及嗎？」我回答：「應該來得及。」放榜後，果然一舉考上台灣大學法律學系司法組的榜首。我原本在新竹中學理組因為興趣缺缺，功課並非名列前矛；轉組後則彷彿脫胎換骨一般，覺得有一股動力帶著自己往前衝，得以榜首考上第一志願。我對此下了一個結論：「依興趣求學實在很重要。」

我在台大讀書十分用功，並一心準備司法官高等考試，畢業便幸以第二名高中金榜。但任職5、6年後，覺得當時司法制度並不獨立，與自己的理想有別，決心辭去，並申請到美國哥倫比亞大學的全額獎學金，家父雖然滿心不願我的辭職，最終還是尊重兒子的選擇。

勤學英文，得以因應全球化時代的業務需要

雖然英文課程不是國家考試科目，但我一直非常重視，為了

強迫自己善用在部隊任職軍法官的閒暇，我花了 10 分之 1 的薪水訂購《英文中國郵報》逼自己苦讀 10 幾個月；考上司法官後，也在工作之餘到外語中心補習兩年。我自認不是很有語言天賦，又只在美國留學 1 年；而我所擅長的法律領域，包含了國內外訴訟、國際貿易、銀行和金融案件，必須經常接觸英文資料，如果不是憑藉著平日的進修，必然無法勝任。因此，我非常鼓勵事務所的律師出國留學；萬國法律事務所在國際化的腳步上得以不落人後，而能因應全球化時代的業務需要，開創新的視野，這也是主要原因之一吧！

投身律師行業之後，即期勉自己要做一個「有價值的律師」，我認為有價值的律師對法律的本行要精，本行以外要博。要精、要博就要做到不斷進修和學習的基本功。此外，任何個人的時間、精力有限，應當要結合其他律師的專長來增加彼此的競爭力，萬國法律事務所以聯合事務所的型態成立，便是基於這種專業與分工理念的結合，因此能產生極大的工作能量。

律師要認清天職與倫理

依我 30 年的執業經驗，我認為好律師有三種基本條件：一、正義感；二、腦筋要清楚；三、適當的表達能力。對於人們一向豔羨的律師高額收入，則認為收入是正義伸張的副產品，如果不能秉持正義忠實盡職，是得不到社會尊敬與信任的。所以，我堅持「律師要以維護人權與社會正義、促進民主法治為使命」，這是律師的天職，也是職業的倫理。

　　我曾經在戒嚴時期與現任司法院院長翁岳生、考試院院長姚嘉文、總統府資政陳繼盛、前司法院院長施啟揚等人,結合法官、律師及學者,共同發起組織「中國比較法學會」(現已更名為「台灣法學會」);也是標榜「與台灣這塊土地一起成長」的萬國法律事務所共同創辦人,在終止動員戡亂前後的那一段民主化關鍵時刻,曾先後領導台北律師公會和全國律師公會聯合會,一方面鼓勵律師反省自身社會角色,另一方面則結合公會團體力量參與各項政治與社會改革,例如聲援三月學運(1990年),投入憲政改革和司法改革,重新激發出民間法曹的社會責任感與正義感。

為鞏固台灣民主制度,暫時卸下律師袍

　　政黨輪替後,我應陳水扁總統之邀,參與總統府兩岸跨黨派小組,而後決定同意出任首任行政院客家委員會主任委員,這是我初次出任政府官員,必須暫時卸下穿了30年的律師袍。之所以稱暫時卸下,是因為當台灣民主鞏固的任務完成,我總有一天將解甲歸田,回到我自己的律師本業。身為客家子弟,在客委會主委任內,積極提倡客家母語教育和客家語文化。2002年,承行政院游錫堃院長之邀,出掌台灣省政府主席,台灣省政府在業務功能調整之後,已不再具備治理省政的權能,但我想導入我在律師界和民間團體從事公共服務的經驗,將台灣省政府轉型規劃為服務性質機關,並且要求一定要釋出公共資源供民間非政府組織利用,將中興新村朝國際會議、旅遊及博物館三大目標中心推

動。

　　最近，由於花蓮縣張福興縣長去逝，在補選前需要暫代職務，秉持一貫的信念，既然進入行政系統，便要配合團隊需求與佈局，全心全力「做什麼，像什麼」，於是我在5月下旬接下代理縣長一職。目前，最迫切的是搭建花蓮與中央間的溝通管道，充分了解地方需求，彌補長期以來，花蓮縣所缺乏的行政資源，讓地方既良性佈建自有的產業經濟，又保有文化與生態特色，提升縣民的生活條件與光榮感。

　　最後，想要告訴大家的是，一個成功的法律工作者，只要擁有不斷創新與學習的動機與能力，以及廣博的世界觀，也可以成為一個成功的社會工程師。難得青春歲月，無限寬廣未來，且盡情揮灑悠遊，但請千萬莫忘法律人維護人權與社會正義、促進民主法治的使命。

范光群

2003 年 6 月

（採訪整理：曾建元、許美惠）

如果再給我一次機會，還是會選擇法律

 蔡英文

（財訊提供）

小 檔 案

星座：處女座　　　　血型：O型

現職：行政院大陸委員會主任委員（2000-現在）

學歷：高中／台北市立中山女子高級中學

　　　大學／國立台灣大學法律系法學組法學士（1978）

　　　碩士／美國康乃爾大學法學碩士（1980）

　　　博士／英國倫敦政經學院法學博士（1984）

經歷：國立政治大學法律學研究所教授、東吳大學法律學研究所教
　　　授、國立政治大學國際貿易研究所教授、行政院公平交易委員
　　　會委員、國家安全會議諮詢委員

給法律人的一句話

人生很長，不要太早被限制在一定的軌道上，喪失發展的可能性。

興趣與休閒：打網球、看書（什麼書都看）、發呆。

最喜歡和最不喜歡的法律學科：不喜歡刑法，比較喜歡經濟法律及英美法。

影響最深的師長：洪遜欣、呂光、徐小波。

法律對自己的影響：養成邏輯思考的能力

目標與夢想：每天接觸各種新奇而富有挑戰性的社會事務，拓展不同視野。

對法律系學生的普遍印象：很頂尖但壓力很大

對法律系學生的建議或期許：在採訪文中有四個建議

更新內容

各位有志學習法律的人們：

現在的法律系是熱門的科系，你們都是聰明優秀的年輕人，想必帶著父母親的高度期望和滿腔的抱負憧憬成為法律人，大家看到了總統、副總統、前行政院長、台北市長、高雄市長、台灣省主席都是出身自台大法律系，也經常看到收入優渥的大律師們在社會公共事務上的活躍身影，總希望自己有一天在社會上能有那樣耀眼的表現。

笑憶初學時，無法理解抽象的法律文字

我有一點和你們不一樣，我只是因為經商的父親希望我唸法律，放棄了感到興趣的中文系，進入了當年不熱門的法律系。但幸運的是，被認為是一個不會唸書的小孩，哥哥姊姊都很會唸書，父母親對我沒再有什麼特別期待，因此，我的學習過程完全沒有來自家裡的任何壓力，可以按自己的方法做自己想做的事情。

可是，我的大學生活卻仍然非常痛苦，因為實在無法理解那些硬繃繃、抽象而不知所云的法律文字，除了比較貼近日常生活的一些買賣、借貸、租賃，或是小過小錯之外，你想，票據、公司，甚至海商，那距離大學生的生活經驗有多麼遙遠啊！法律是生活經驗的東西，要年輕識淺的大學生來唸，真是一件很困難的事情。我大二上蔡墩銘老師的《刑法總則》就被當得很慘，大一上洪遜欣老師的《民法總則》，當他以日式台灣國語講解他畢生精研的法規時，是對一個不足20歲的學生嚴酷的考驗。我的成績

並不理想，這讓我一度感到自卑，但還是跟著大家畢業，就這麼把大學唸完了。

那時覺得呂光老師的英美法的案例教學是很好的，讓我們能夠真正掌握法律和生活經驗之間的關係，我很喜歡看這些真實的法律故事；此外，對經濟學也有一些興趣。由於總覺得大學四年還沒有把書唸完，就安排出國留學。

我原本嚮往英國倫敦政經學院的學風，但美國的學制我們比較容易適應，在姊姊建議下我先到美國讀碩士。由於美國的法學院都是大學畢業以後才能唸的，所以學生一般都比較熟悉人情世故，其他專業的背景也讓他們對於法律的適用比較有方向感，到了那裡，接觸了各式各樣的人，從他們的經驗中知道了人生百態，我才對法律的學習有了較多的體會。

希望接觸新奇而有挑戰性的社會事務

到了英國以後，由於他們的博士班並沒有像我們一樣的選修或必修課程，修課的內容全由博士生本人按照自己的需要來規劃設計，指導教授只是從旁帶領，所以，我常會自己坐下來想，要怎麼走。我記得我在修有關國際貨幣基金會的課時，我們花了一大半的時間在討論國際金融與經濟的運作原理，我發現我以前廣泛的社會學科學習興趣，使我很容易地進入國際經濟法的堂奧，在這裡，法律的規定成為很次要、技術性的東西，我博士論文研究的是國際競爭法，那種法律萬能主義的觀念，完全不合時宜，我在這裡真正找到法律的靈魂，不再被過去學習經驗所左右。此

外，聽過當時英國法律先進的一句話：「什麼是法律人？就是你講的話別人聽不懂。」這給我很大的警惕，因為我原本就是那種聽不懂法律人說話的學生，我很同意，法律人應該要學會和別人相處，知道怎樣把專業的法律說到別人都聽得懂，那才是最困難與最重要的。

拿到博士學位之後，我一開始很想把博士論文燒掉，然後從此不再看法律的書，因為我已經受夠了。我四處去旅行，還想到新加坡大學去教書，不知過了多久，我父親終於在世界的某個角落找到我，他電話叫我回台灣，這是我的家，我就這樣回家了，成為大學教授。

記得有一天，我在台大校本部看見一位老教授一手提著公事包迎面而來，老教授的身影是值得尊敬的，可是有感而發地問自己：「難道我要像他這樣一輩子只在一個特定的領域中鑽研理論嗎？」，我希望每天接觸各種新奇而富有挑戰性的社會事物，這不也是一條挺有趣的人生選擇嗎，為了拓展不同的視野，我接受政府的邀請，在1980年代中期輾轉投入國際貿易談判事務，從現場的翻譯做起，開始參與政府的工作；也曾經接受美國律師的訓練。至今仍對於口譯或書寫的翻譯人才懷著敬意，因為我知道，他們不是翻譯機，如果沒有熟練的兩種語言能力和豐富的相關知識，怎麼把那些專業的概念，說到別人都聽得懂？

如果再給我一次機會，還是會選擇法律

如果再給我一次機會，我還是會選擇法律。在台大法律系學

到最深刻的還是法學訓練的邏輯思考。每一種學科當然都有體系的建構和邏輯的思考，可是，法律學更能鮮明地展現這種注重邏輯的性格，尤其，法律訓練把人的行為拆解成各種構成要件的組合，讓法律人在做事理的判斷和分析時，很容易建立條理和架構，得以應付各種複雜的事務，是任何一種學科都無可比的。

現在的法律系學生都非常頂尖，家長的期許也都很高。因為我從小就被認為是學習較緩慢的小孩，而沒有成長壓力，因此體會很深，建議家長不要給聰明的小孩過高的成就期待，讓他有發展的空間。

我們以前律師名額少，參加考試就像古代的科舉，是人生的豪賭。現在既然放寬了許多，法律人更應該好好規劃自己的生涯，努力充實自我，不要太早急切於功成名就，成功的法律人應該要有豐富的人生閱歷，我認為要到了40歲左右才比較成熟，最好趁年輕時爭取各種學習的經驗，慢慢明確自己適合發展的方向，若太早就限制在傳統的軌道上，不能把優秀的聰明才智做出更有貢獻的開展，是我們國家社會的損失，也是個人成就上的損失。

法律是人生及社會經驗的累積

其次，我要勸告法律人不要驕傲，切勿自滿。驕傲和自滿會讓你忘了追求進步。要心胸開闊，有機會趕快爭取。還有，人們對於越聰明的人期待越高，容忍度往往就越小，反而形成壓力的來源，建議法律人學會不引人側目，這樣才會為自己留下成長的

空間。

　　第三，進法律系的目標應是接受與追求邏輯思考的法學訓練，不要只是為了考上法官，取得律師資格；我也不贊成以國家考試的錄取率來衡量法律系所的辦學成績。法律不是目的或唯一的選擇，人生不會只到大學畢業就終止了，若能善用法律的思維鍛鍊，在適當的地方，就會發芽茁壯，不論日後從事什麼行業，做什麼事，都會發揮奧妙功用。重要的是，法律是一種人生及社會經驗的累積，在學習法律之餘，應該要用心體會人生，細心觀察社會的現象及脈動。

　　第四，法律是一個嚴謹，甚至於是講究具體證據及細節的學科，這固然可以養成法律人嚴謹的個性；但有時也限制了法律人宏觀的思考及心胸的開拓，而流於斤斤計較的法律匠，法律人要引以為戒。

　　年輕人，希望你在40歲時也會說「如果再給我一次機會，我還是會選擇法律」，時間站在你們這一邊，請多珍惜。

學長　蔡英文

2003 年 6 月

（採訪整理：曾建元、許美惠）

法律人的正義與承擔

謝長廷

小 檔 案

星座：金牛座　　　　血型：B 型

現職：高雄市市長（第三屆）

學歷：高中／台北商專

　　　大學／台大法律系學士

　　　碩士／日本京都大學法學碩士

　　　博士／日本京都大學博士課程結業

　　　其他／律師高考第一名及格、司法官特考通過

經歷：第一、二、三屆立法委員（1989-1996）、台灣福利國連線發起人（1990）、民主進步黨第一屆民選副總統候選人（1996）、民主進步黨中評委主委（1996.6-1998.7）、民進黨第九屆黨主席、高雄市第二屆民選市長（1998-2002）

給法律人的一句話

讓生命接受挑戰和冒險

興趣與休閒：哲學、靈修、閱讀

對法律學科的喜好：最喜歡法哲學，沒有不喜歡的法律學科。

影響最深的師長：渡邊陽三，他為法律與人民的關係做了最好的詮釋；楊日然、翁岳生。

目標與夢想：對台灣社會的期許，生活在人與人擁有信賴關係的健全社會；對自己的期許，過著安心、喜悅的日子。

對現在法律系學生的普遍印象：優秀、多才多藝，但是缺乏磨練及解決問題的能力。

對法律系學生的建議或期許：要有正義感，並勇於承擔。

更新內容

給新一代的法律人：

　　我演講時經常自我調侃，我的實務經驗真是夠豐富的：當過律師，也經常被告，而且還曾被判刑。從理論到實務，我一次次省思，抽象的正義究竟如何才能落實為社會的共同法則、形成符合公眾利益的規範？尤其，我為避開「612事件」（註1）的拘提，在澎湖蒔裡住了一段時間，每天看著潮起潮落，反覆思索：「法律是什麼」？「犯罪是什麼」？「為什麼我會被判罪」？在那些看海的日子裡，京都大學時代研修的法哲學一一浮現，有瞬間開悟之感。

傾慕「在野精神」而選擇當律師

　　正如同多數的法律人，在大學時，我通過了律師以及司法官的資格考試而難以取捨。後來到日本京都大學繼續研修碩士、博士，深受京都大學「政治在野」精神的薰陶；返國後到劉旺才律師事務所實習，接受嚴格日本教育的劉律師語重心長的提醒：「律師要有在野精神」，讓我傾心投入。

　　為什麼說律師是在野者呢？因為法官握有判斷與裁決人民是非、自由、財產的職權，相當於扮演「在朝」的角色。而律師被期待站在人民的立場，了解人民所主張的事實，援引最有利於人民的法律規定；甚至在正義與制定法發生矛盾時，不忘「法律人

註1：1987年6月12日，民進黨員抗議國民黨強行制訂國安法，發動和平示威活動，但遭「反共愛國陣線」反制，爆發流血衝突事件。謝長廷因「共同首謀聚眾妨害公務」罪，被處刑3年，褫奪公權3年，並被下令拘提。

血液中流著正義的因子」，「正義是法律的法律」，仍據理力求法官做最可能的有利判決，並相對批判不利於人民的制定法，如此才不至於淪為法匠，躲在法律條文角落終其一生。法律人若要培養「千萬人吾往矣」的在野精神，我認為，必須廣涉宗教、哲學、經濟、醫學、歷史、天文、地理等多元知識，並且與時俱進，才能有開闊的胸襟與視野，為所當為。

我對法律人的期待，除了要有正義感之外，還要有承擔。美國著名的人權律師丹諾，為了芝加哥兩位未成年殺人犯辯護，竟遭到當地旅館拒絕他的住宿，但他仍堅持辯護到底，這就是承擔。

承擔就是對自己所確信的事實有所堅持

法律人必須能夠獨立思考、耐得住寂寞，就算沒有掌聲，甚至充滿批判，也要相信自己所確信的事實，有所堅持。以我承接過的案子為例：承接「江南案」（註2），由於情報局的官員是被告，而原告江南的太太是美國籍華人，當時讀中學的女兒在學校因此被人公開吐口水，原因就是該校校長在全校師生的朝會中公開罵我「勾結洋人，欺壓自己的政府」。

我曾不顧危險進入南非武官被綁架的現場，並以擔任張素貞的律師做為交換條件，勸說殺人犯陳進興投案，安然救出所有人

註 2：知名旅美政論作家，本名劉宜良，因著「蔣經國傳」，於 1984 年 10 月 15 日遭到被國府情報局指使的陳啓禮、吳敦、董桂森槍擊身亡。其遺孀崔蓉芝在美國控告中華民國政府，並委託謝長廷擔任在台灣的律師。

質，化解重大危機。但後來我信守承諾為張素眞辯護，竟然也遭受排山倒海的壓力與責備。社會普遍受媒體影響，認為她是共犯，我不應該為有罪的人辯護。此時，如果沒有維護相對正義的勇氣，一定會對自己失去信心，也失去承擔的能力；最後該案確定判決認定不是共犯，可見堅持與勇氣的重要。

審理「白曉燕」相關案件的所有法官也面臨同樣的壓力，我很佩服第一審判決張素眞的弟弟張智輝「無罪」的法官，可以想見他們眞的需要很大的承擔；果不其然，法官宣判後被罵得一無是處，高院法官很快改判無期徒刑，到今年三月，經過二次更審，又維持一審判決無罪，可惜社會已忘記第一審法官所受的責難與壓力。

司法不是政治，不能一味附和民意的喜惡

其實，法律人應該都深切了解，民主政治固然要尊重多數民意，但司法不是政治，不能一味附和民意的喜惡，因為一般民眾並不了解案情，所有判斷的資訊幾乎都是來自媒體，如果要求法官據此審判，那就會迫使司法民粹化、泛政治化。

我們的司法比過去眞的進步很多，法官大都可以抗拒政治壓力與金錢誘惑；唯獨迄今還無法應對媒體的壓力。因為媒體關係著法官的清譽，一旦判決被批評不公，必然帶來諸多懷疑眼光，甚至遭受黑函謠言的中傷或無謂的調查。但如果法官屈服於輿論，獨立審判或專業訓練都變成空話，人權也無保障可言。

台灣的司法從未獲得超過30%民眾的信賴，其實問題不全在

於法官，有些具影響力的人士不習慣尊重司法，且動輒批評、摧殘與破壞，若媒體跟著附和，傷害更大。媒體當然有評論的自由，但對於審判中的案件，最多只能針對司法程序，例如案件審理拉太長，交保程序太草率；不能打著反映社會公眾的疑竇為名，揣測、質疑或推翻法官經過法定調查程序所獲得的事實判斷，或明白要求法官應如何辦案，甚至直接指陳某人是有罪無罪。否則，若任由沒有司法調查權的媒體判斷案情，豈非變成媒體是「法律的法律」？如何要求法官自重？台灣司法又如何能獲得人民信賴？

「信賴」是維繫民主社會制度化運作的基礎

我對日裔美籍學者弗蘭西斯・福山所寫的《信賴》（Trust）一書深有同感：「信賴」是維繫民主社會制度化運作的基礎，若社會大眾對體制產生不信賴，一旦發生重大危機，就很難快速啟動體制化作業，精確分工去解決問題。台灣已解嚴並邁入民主體制，雖有不同政黨的競爭，但不是要革命或推翻民主法治的制度，因此，每一個人都有義務維護這個制度，尤其是社會的菁英或意見領袖，一言一行都應有助於累積人民對制度的信賴，以及人與人之間的相互信任。建議不妨回顧沉思，台灣這次 SARS 疫情會比其它地方嚴重，很關鍵的原因在於人與人、人與制度、地方與中央的互不信任，相互懷疑，否定一切措施，造成中央及地方種種體制內作業互相抵銷，甚至癱瘓，才會造成疫情一度似乎失控，到頭來其實大家都受害。

　　期待新一代的法律人，有正義感、勇於承擔實現正義所帶來的壓力，進一步以身作則，幫助社會大眾累積對民主體制的尊重與珍惜，並在此前提下協助或監督政府作爲。

謝長廷

2003 年 6 月

（採訪整理：林玉珮）

熱情的心，冷靜的眼

王昱婷

小 檔 案

星座：天秤座　　　　血型：O型

現職：立法委員

學歷：高中／家齊女中（1989-1991）

　　　大學／輔仁大學法律系（1991-1995）

　　　碩士／北京大學經濟法學研究所（1996-1999）

經歷：中華民國第四屆立法委員（1999-2001）

　　　台南市青少年生活關懷協會理事長（1999迄今）

　　　台南市私立財團法人國清慈善基金會執行長（1999迄今）

給法律人的一句話

理想不死、熱情不減、永不放棄、勇往直前。

興趣與休閒：閱讀、戲劇、音樂、旅行、美食。

對法律學科的喜好：最喜歡法哲學

影響最深的師長：輔大法律系時期，民法的邱聰智教授、刑法的甘添貴教授、行政法的朱武獻教授。北大時期的楊紫烜教授。

影響最深的事件：1989年「六四天安門事件」，當時我和台灣那時代許多莘莘學子一樣，透過電子媒體傳來的學生示威、訴求民主自由，後又身歷其境地看著中共政權用槍桿子解決問題的暴力威權，非常震撼難過、義憤填膺不已。

法律對自己的影響：了解社會的脈絡，養成宏觀的判斷。

目標與夢想：建構一個公義的社會，人人都可實現自己的夢想。

對法律系學生的普遍印象：思慮敏捷、口才便給、抗壓稍弱、熱情不足。

對法律系學生的建議或期許：在校所學之學科與課程內容應與實務更配合；課餘之暇，可走出校園關懷社會。

更新內容

嘿！我親愛的朋友，

我是昱婷！你們好嗎？

「你們不能把公正與不公正分開，也不能把善與惡分離。因爲它們並立在陽光之下，就好比黑線和白線交織在一起。當黑線斷了，織布者當仔細察看整匹布，也應檢查織布機。」

——詩人紀伯倫

我是標準的天秤座女子

你們喜歡讀詩嗎？公餘之暇，我喜歡讓自己用詩歌與春光佐茶。想想，我是個標準天秤座女子吧！總似象徵著天秤的兩個盤子，在心的兩端求取著理性與感性、正義與良善的平衡。

在問政上，我期許自己能充分發揮身爲一個專業法律人所應有的精神，公平客觀、有正義感；在質詢時，成爲一個邏輯能力強、善於分析的優雅辯士；在與民眾共處時，能適時說笑，掌握現場的和諧氣氛；在接受陳情時，善於協調，在相反的意見中擔負起調停的責任。凡事講求邏輯和策略，絕對不以暴力解決事情，在對等的權利和利害中找出平衡點。

常有朋友問我：「爲什麼會選擇成爲法律人，甚而從政？」想想，除了天秤座篤信正義、公正判斷的天性與父母良好的家教使然以外，珍貴的求學經驗，更是深深改變了我的一生。

輔大法律系，是我大學時的母校，她追求「眞、善、美、聖」之全人教育的校訓，至今難忘。讀研究所時，我遠渡重洋、突破

禁忌，前往中國大陸北京大學攻讀經濟法學碩士學位，這段歷程，成了我生命中難得的中國經驗，更是影響我後來心繫家鄉故土、開展全球視野的重要關鍵。

深受北大民主科學精神啟蒙

北大作為近代中國新文化運動的中心、「五四運動」的發源地與近代中國最早傳播民主科學思想的發祥地，其「愛國、進步、民主、科學」的傳統精神和「勤奮、嚴謹、求實、創新」的學風，「循思想自由原則、取相容並包之義」，成了日後我法政雙棲的道路上，問政學習、待人接物、深刻自勵的精神啟蒙與基本原則。

相信每一個法律人，在學校都曾修習過一門課：「法哲學」，其中 John Rawls 的《正義論》更是對我影響深遠。John Rawls 提到，「社會應是一個互惠合作的團體，而不是一個彼此競爭、弱肉強食的野蠻狀態，所有社會經濟上的不平等必須建立在差異原則下，承認人的差異性，使較差階級能得到照顧，如此他們才有繼續留在體制內的動力。」

近日我們台灣社會，因為出現許多不公不義的政策──「教育改革」、「健保雙漲」、「廢除農漁會信用部」，造成民怨爆發，接連的教師遊行、勞工遊行、農漁民大遊行等，反映出民眾的不滿。John Rawls 認為「正義」是社會中的首要德性，社會中其他的特質，都無法彌補沒有正義的缺憾。

正義是改革的首要價值！

從政多年後，如今反芻先哲警語，更是深自覺得改革還是要從制度上著手，使社會制度趨於正義。社會制度的正義與否，不能只靠表面上、形式化的民主程序，如「公民投票」來維持；既得利益者若是故意忽略一些根本上的差異，真正的正義反而受限於制度之下，於是所有政策的考量勢必偏向一方，最後強者越強、弱者越弱。改革，改革，必須重申，正義是改革的首要價值！

一般人對於「法律人」的性格印象總是兩極，正面地來說，有人說法律人善於理性、務實的解決問題，也有人認為法律人總是憑其對於法律條文的熟悉，引經據典、舌燦蓮花、模糊是非。在台灣，因為政壇上有一群耀眼的法律人：舉凡正副總統、北高二市市長，甚至內閣中民調聲望極高的法務部長，都是學法律出身，因此法律人的性格特徵就引起了廣泛討論。

美國開國元勳富蘭克林曾在自傳中戲謔地說：「我一生最討厭和念法律的人做朋友，因為他們老是想靠辯論贏你！」這樣的形容不一定是真理，但卻也相當生動鮮明地反映出一般人對於「法律人」的性格印象。

我一直認為，身為一個受人敬重的法律人，或是法律人出身的從政者，應該關切的是社會的永恆正義、如何作萬民表率、為民前鋒；與一般人認為法律人圓滑機巧、好逞口舌之快的印象背道而馳。

　　我親愛的朋友啊！請記得保持浪漫、直率的個性，時時忠於自己的信仰、勇敢表達自己的信仰，不畏世人的眼光、不受限於社會上任何具體或無形的限制，以「熱情的心、冷靜的眼」來看待世界。因為我相信，生命本身就是一首詩，一個人類的美夢，一個學習的典範。

分享身為法律人的省思與領悟

　　古人云：「開卷有益」，又云：「見賢而思齊，見不賢而內自省。」平凡如我，和你們分享身為法律人的省思與領悟，不禁落筆之前徬徨猶豫，更擔心會不會野人獻曝、敝帚自珍？我的視野與觀點，是否會教這麼多愛護我、信任我的青年朋友們失望？

　　當我看到這些年台灣經歷的困境，有高達七成以上的應屆畢業生找不到工作，又面臨全球化的劇烈競爭，我迫切地盼望能夠將自己有限的經驗與青年朋友分享，希望能幫助大家認清人生的目標方向與所要面臨的未來挑戰。

　　最後，再以一首我摯愛的詩，與您一起共勉、分享。

　　「你的理智和你的熱情是你航海的靈魂的舵與帆。如果你的帆或舵損壞了一個，你不是漂浮顛簸，就是被滯留在海上。」

——詩人紀伯倫

你們的朋友

2003 年 5 月

始終保有理想性格特質

李 新

（財訊提供）

小 檔 案

星座：巨蟹座　　　　血型：O型

現職：台北市議會副議長

學歷：高中／高雄中學（1971-1974）

中　大學／中興大學法律系（1974-1978）

其他／政大公企中心企業經理人員進修班第十六、十七期高級班（1978-1979）、中國生產力中心第一屆經營管理顧問師訓練班（1985-1986）

經歷：民間企業經理人十三年（1977-1979）、救國團社會研究院講師（1993-1998）、國會助理工會創會會長（1993）、立院黨團辦公室主任（1996-1997）、第三屆國民大會代表（1997-1998）、第八屆台北市議員（1999-2001）

給法律人的一句話

知所不足，不恥下問；知所當為，義無反顧。

興趣與休閒：閱讀

對法律學科的喜好：喜歡民法、不喜歡所得稅法。

影響最深的師長：何孝元先生、王寶輝先生。

法律對自己的影響：執劍戟以抗不法，恃衡器審度偏平。

對法律學系學生的普遍印象：素質漸高，務實但不夠踏實。

對法律學系學生的建議或期許：強化外語能力，並多吸收其他新知。

更新內容

Dear 年輕同學們：

我在參加 1971 年大專聯考時，在志願表上堅持只填法律科系，甚至不得不拜託導師以「李新的成績很好，一定考得上，不會影響學校升學率」為由，「關說」教務組長不要拒收我的志願表。果然，我真的如願以償考上中興大學法律系。

柳暗花明歸功於生命中的貴人

中興大學法律系畢業前後，因眼見政府行政權獨大，司法幾淪為統治工具，憤而決定做「不法之徒」，不走法律工作的路；後來卻風雲際會，放棄了 13 年專業經理人的資歷，投入政治而與立法工作結緣，一晃又 13 年！這中間的曲折起伏，讓我自己都有暈頭轉向、眼花撩亂，難以名狀的複雜感受。如今，年屆 50 知天命之年，身歷多次「山窮水盡疑無路，柳暗花明又一村」的遭遇之後，回頭來時路，總覺得「該把握住的，把握得太少；不該流失掉的，流失得太多」，如果真還有一丁點存在的價值，老實說，那真的只有歸功許多我知道或不知道，卻一直默默的把他們的功德與福報給我分享，並扮演我生命中貴人的朋友們！

現在，我則嘗試著把一些不成功的經驗與年輕的學弟、學妹們分享，三人行必有我師焉，失敗的經驗或有可能成為他人邁向成功的踏腳石，還請各位不要見笑。

從堅持只填法律系到拒絕參加考試

1969 年，我在高雄中學升高二時，就力排眾議選讀社會組；

到高三畢業參加聯考時，更堅持只報考法律系。理由很簡單，當時我看到歐美先進國家都重法治，認為唯有習法救國才是有為青年所當為（還真是讀書不忘報國，志向遠大）。

大學期間尚屬戒嚴時期，政府專斷之事層出不窮，人民生命財產的保障，往往難以循正常司法途徑獲得維護，尤其軍事審判的濫權、草率，更是讓我難以忍受。

服軍法預官役時，一位年輕上尉財務官因貪瀆案硬被處以死刑，使我因極端失望而鐵了心決定放棄原定的志向，拒絕參加司法官律師等國家考試，轉向企業界發展。午夜夢迴，常不勝唏噓，也頗後悔。但我要費文敘述這段的真意是：您若有心，在追求名利之時，請務必竭力保有那份法律人獨特的理想性格與熱血。

1990年，在國會改革聲浪風起雲湧之際，放棄經理人高薪投入國會幕僚工作，親身經歷了台灣民主改革工程中變動最劇烈的一段。

當時眼見助理角色日漸吃重，但薪資、勞保等起碼保障，均付之闕如。遂結合跨黨派助理菁英，力抗各方勢力打壓，成立國會助理職業工會，積極爭取助理職場的尊嚴與保障，是國會改革中鮮為人知但頗重要的一頁，許多出色的助理如今都已獨當一面，像羅文嘉、馬永成等。之後，出任新黨不分區國大代表並兼立院黨團辦公室主任，在陽明山上力阻李前總統凍省及雙首長制毀憲亂政的作為；在立院結合各黨團辦公室迫使行政院正式公開總預算案資訊，明顯提升立委審查預算能力等等，略盡了一些棉

薄之力。

1998年底，轉任台北市議員，揭發警察擄妓勒贖、監理黃牛、木柵捷運銹蝕等弊案，獨力頂住各方不足外人道的壓力。2001年為救新黨不惜辭去台北市議員職務，到桃園參選立委，敗北後一切歸零。本以為可退出政壇另謀出路，不料因宋楚瑜主席的知遇之恩及國親合作形勢，重返議會並忝列副議長之職，人生際遇高潮起伏，如坐雲霄飛車，能挺過來的原因無他，法律人求真、求是與不懼的性格使然。如果您的際遇似我，請勿輕易放棄應有的堅持，搖擺的人是不容易擊中靶心得分的！

離開校園倏忽30年，習法、從商、轉政，經歷了許多人事物，盱衡世勢，學習法律者未來之路必然寬廣，但新而複雜的挑戰，也會排山倒海而來。如何做好準備、武裝自己、迎向未來？我提出兩點建議：

一、強化外語能力。多數法律系的學生容易疏忽，我自己也一直引以為憾，對比陳水扁總統與馬英九市長的外語能力，這絕不是土洋或意識形態之爭，而是在法律事業已國際化的大趨勢下的反省。

二、多吸收其他新知。法律人常有唯我獨尊的傾向，但更常顯出對其他知識（尤其對人性）的貧血，比如許多法院判決的荒

誕與不可思議，讓人覺得法官還活在象牙塔裡，根本不知世間事。您若有心，請趁著年輕，辛苦些加把勁充實自己，多涉獵其他領域的知識。

　　言者諄諄，法律終究是維護社會正義、也是國家賴以存續的最後一道「馬其諾」防線；堅守防線，是我輩該當的天職，有人說：「學法律的常自以為高人一等」，不論其褒貶，您若有心，至少做到「對自我的要求，請高人一等」。

　　　　　　　　　　　　　　　　　學長　李新

　　　　　　　　　　　　　　　　　寫於2003年5月

人生是驚喜之旅

小 檔 案

星座：處女座　　　　血型：O型

現職：立法委員（1999迄今）

學歷：高中／台中一中（1971-1974）、大學／台灣大學法律系司法組
（1975-1979）、研究所／台灣大學法律研究所肄（1983-
1989）、台灣大學國家發展研究所博士班（2002-）

經歷：厚生化學工業（股）公司法務專員（1981-1982）；台灣新
竹、台南地方法院檢察署檢察官（1986-1990）；永信聯合律
師事務所所長（1990-1997）；台中縣政府機要秘書（1997-
1998）；第三屆國大代表（1996-1999）；立法院司法委員會
召集委員（1999-2000）

給法律人的一句話

了解自己的優點與不足，建立自信及膽識，培養好奇心及樂觀的人生態度，準備好自己，當機會來臨時，勇敢地接受挑戰。

興趣與休閒：閱讀（藏書5千冊以上）、登山（百岳42座）、打球（任何球類）、游泳（橫渡日月潭）。

對法律學科的喜好：最喜歡法律社會學、刑事法及行政法，好像沒有不喜歡的法律科目。

影響最深的師長：翁岳生、李鴻禧及王澤鑑老師。

影響最深的事件：大學時期的黨外民主運動

法律對自己的影響：能明辨異同，並建立尋找公平正義的思維與方式。

目標與夢想：公平正義與民主法治的社會

對法律系學生的普遍印象：活潑且知道規劃自己的人生，但似乎太早就把目標固定在專業考試。

對法律系學生的建議或期許：廣泛涉獵各領域的知識（經濟、財政、醫學、社會、歷史等等），讓自己有更多發揮的機會，並與「眾」不同。

更新內容

Dear 年輕學子們：

從小我就不是師長眼中的「乖學生」，我有用不完的精力，可以在運動場或田野中馳騁，但就是不肯乖乖地坐著聽老師宣讀教科書。我也是聯考制度的受益者，我向來不考不讀、小考小讀、大考大讀。因為聯考制度，我才可能以拚命三郎的精神，在考前半年大讀特讀，而考上「理想的」高中及大學（雖然大學重考一次）。

大學時代專修社團學分，學業成績低空掠過

整個大學時期，大部分時間我都在參加台大田徑隊集訓與比賽、各類球賽、登山、聽黨外人士演講、閱讀課外讀物（如鄉土文學、政論雜誌），也因此認識與結交很多朋友。當然代價就是成績總是低空掠過，最後勉強畢業。

退伍後我即在學長介紹下，進入厚生化學工業公司擔任法務專員，少東徐先生對我也非常賞識與器重，讓我有很多發揮空間，而我也以為將來會長期在該公司服務，並在商界發展。但因同班女友已考上司法官特考，她的家人反對我們結婚，所以我只好辭去工作，專心準備考試，以證明自己有能力讓她過著幸福的生活。

為此我又回校旁聽王澤鑑老師的民總、債總，才漸漸明瞭法律的體系、架構與法條間的關係，以及如何在一長串的事實敘述裡，找出主要法律爭點、相關法條，以及如何就請求權依據或系爭法律關係予以比較分析、選擇適用，進而判斷決定。至此，民

法對我而言，終於變成有趣實用的知識。也從此逐漸將研習的方法適用到其他法律科目。

連中雙元，展開未曾預見的歷練

不料一年的苦讀，竟以微分之差落榜。我立即面臨當時許多法律人（尤其男生）的兩難：一因生活盤纏已盡，不便向家人伸手；二則若要邊工作邊準備，效果必然不佳的困境。幸經好友藍文祥介紹，至一家律師事務所擔任助理，從事撰寫書狀工作，數月後考上研究所，再過數月終於考上司法官特考。放榜時，幾乎跌破很多人的眼鏡，不少同學甚至開說笑說：「連『三仔』都考得上，我們也要考。」

1989年我服務的台灣新竹地方法院與檢察署，發生轟動全國之新生代司法人員集體「造反」的「吳蘇案」，事後讓我非常感慨，長期以來，這麼多的司法人員辛勞地工作，但司法卻得不到人民的信賴，問題究竟發生在哪一個環節？我因而辭去檢察官職務，轉任律師，希望能以不同角度與經驗，貼近民眾的感受，以發掘並探討此議題。

擔任律師期間，我經常為異議分子與平民百姓擔任義務辯護律師，且與立委洪奇昌、蔡明憲等人邀集十多位律師與學者共同成立台中地區第一個平民法律服務中心，進而因緣際會地加入民進黨，並「意外地」參與1996年國大代表選舉。1997年底又因廖永來先生當選台中縣長，為使首次綠色執政初期順利，又放棄收入豐厚的律師業務，答應擔任其機要秘書一年。詎料1998年底

因民進黨台中縣提名策略的改變，致使我又被要求加入立法委員的選舉，所幸順利當選，而從事立法工作迄今。

從不做生涯規劃，深受福祐恩寵

雖然我沒有特定的宗教信仰，但當我回顧自己的前半生時，總覺得自己是深受上蒼與祖先福祐恩寵的幸運兒。我從不作生涯規劃，且花在研讀教科書的時間實在少得令人難以置信，但我所喜歡的課外活動及廣泛閱讀的嗜好，卻塑造了今日的我。

喜歡運動，經常參加比賽，使我體會到一時勝負乃兵家常事，另外也培養我樂觀合群的態度。對我而言，只有要處理的事，絕無因處理事而煩惱的自己。因為我認為能解決的事，一定全力以赴；至於不能解決的事，就靜待能處理的時機或方法出現；如果真的完全沒有處理可能性，就接受事實吧！

迄今我已攀登百岳中的42座山，其中還有幾座爬過數次。在眾多的登山過程中，我曾經歷6月雪、大霧中迷路、跌落山谷等危難。這些特殊經驗鍛鍊我臨危不亂的膽識，以及面對困難應有「山可以征服，但絕不可輕視」的戒慎精神與態度。當然運動與登山讓我擁有強健體魄與堅強意志力，在多次的艱辛選舉過程中，都發揮極大的功用。

成功不在於立志，而是適時把握機會

擔任檢察官、執行律師業務、轉任縣府機要秘書及國會議員，讓我在司法、行政與立法三權的各個領域裡，有多樣且難得

的歷練。但這都不是我事先所預立的志向與人生計畫，而是機會來時，我願意並勇敢地接受挑戰。

　　每當這些人生轉折點出現時，運動家、登山者的精神就是我最大的支柱與致勝的關鍵。法律系學生畢業後，除了可以當法官、檢察官、律師外，亦可以在私人企業任職，也能到行政機關工作，或參加各項公職選舉，能發揮的領域非常寬廣。最重要的是：努力於法律專業的學習之外，更應培養積極樂觀的人生態度、廣泛的知識基礎。每個人的一生中總有幾次的大機會，成功的秘訣在於機會出現時，是否知道它已到來？自己是否已準備好？是否有膽識把握機會接受挑戰？

寫於 2003 年 5 月

從對自己負責開始

周俊吉

星座：雙子座　　　　血型：B型

現職：信義房屋董事長

學歷：高中／輔仁中學（1967-1970）、神州補校（1970-1971）

　　　大學／文化大學（1974-1978）

　　　其他／政大企研所企業家班（1990-1993）

經歷：信義房屋總經理

給法律人的一句話

抉擇與取捨應「衡外情，量己力」；
多想想自己是「鶴立雞群」，還是「雞立鶴群」？

興趣與休閒：閱讀、登山、圍棋、旅遊。

對法律學科的喜好：最喜歡法理學，可以了解社會變遷與法律變遷的關係，對一生影響甚大。

影響最深的師長：王寶輝老師對學生無私的奉獻

法律對自己的影響：法與時轉則治，對企業經營幫助甚大。

目標與夢想：信義立業止於至善，希望有更多的人是信義人（該做的事說到做到的人）。

對法律系學生的普遍印象：似乎認為學法律出路好，比有興趣的人更多了。

對法律系學生的建議或期許：建議更廣泛的閱讀非法律專業的書籍，並期許更多人走入非法律專業領域，因為預防糾紛發生，更重於事後處理。

更新內容

Dear 年輕學子們：

現在大家覺得我很嚴肅，又是學法律，一定無法想像，我從小就不是乖學生，事實上，可以說是很叛逆。由於對傳統的教育制度不以為然，我從小學三年級就開始逃學、不愛上課、大學時與家人處不好，以致生活窘迫。幸好當時文化大學法律系的王寶輝老師都會在辦公室放一筆錢，任何法律系學生，若有急需，每學期可領 3 千元。我在取錢時其實還沒開始上他的課，而當 3 千元仍不夠用，竟又跑到老師家開口再借；不但如此，老師還提供一戶公寓，想要準備考試的學生可免費使用，考完搬走。這樣子無條件幫忙學生的老師，真是令人一生難忘。

疏減訟源的貢獻如同預防醫學

服完兵役，住進老師提供的的空房準備考試，萬萬沒想到，在準備考試期間與老師的一席談話，竟然完全改變我的未來。

老師為我分析學法律最重要的是預防糾紛，但法律工作者大多費盡心思「解決」已經發生的問題；若每人在不同的工作崗位，都能注意到預防紛爭，便可「疏減訟源」，對法治便是最好的貢獻。這就好比一樣是維護健康，多數優秀人才都會選擇當醫師；卻忽略了「預防醫學」其實更重要。加上當時各種考試錄取率奇低，就算不眠不休，在考場上還是「雞立鶴群」，矮人一截；何不另找一個可以讓自己「鶴立雞群」的工作？

近來的社會風氣講求「如何」，強調方法的重要性，但我認為應該正本清源的想「為何」？

例如我在「衡外情，量己力」的考慮下，知道爲何要進入房屋仲介這個行業——希望建立交易安全制度、維護交易價格合理化，以減少相關訴訟爲成就指標。因此，這個前提也就是信義房屋的立業宗旨：「吾等願藉專業知識、群體力量以服務社會大眾，促進房地產交易之安全、迅速與合理……」知道「爲何」，便容易去找出「如何」的方法，也才不會本末倒置，背離初衷。

堅持　使我從清流逐漸成爲主流

正因爲清楚自己在求學或創業時都不是「主流」，但深知「所爲何來」，便一直堅持經營必須「從對自己負責開始，進而對公司、對產業、對社會負責」，「希望由信義人影響其他的社會大眾，讓更多的人成爲廣義的信義人」。從1981年創業以來，陸續推動的各種創新制度，諸如「先調查產權再進行買賣」、「收取固定比例服務費」、「分段收費」、「製作不動產說明書」、「購屋全面保障系統」到「成屋履約保證」等新式房仲制度與服務，讓信義房屋由「清流」變成「主流」；同業由當時的私下取笑到如今紛紛跟進。

在此我還要特別說明，實現目標與理想需要不斷的創新；創新的能源固然來自於堅定的信念，更重要的是知識的力量，而讀書正是系統吸收知識、掌握預知趨勢的不二法門。因此，我非常重視閱讀的習慣，也篤信讓孩子培養閱讀習慣是他一輩子擁有的最好資產。

較熟悉的親友都知道，我和太太爲了養成小孩愛看書的習

慣，在老大5歲正要識字時起，家裡就不放電視，由我們陪孩子讀書，慢慢的他開始自己讀，並且逐漸樂在其中，閱讀的能力與想法自然超越同儕。

閱讀讓人擁有知識與競爭優勢

當然，閱讀還可以包括報紙、雜誌，但我總認為，看報紙像喝罐裝飲料、雜誌好比甜點，書本的體系與架構仍是求知的最主要來源，尤其是對觀念、思想有啟發的書。換個角度來說，因為一般人不能克服讀書的某些枯燥煩悶過程，從而便無法品嚐知識的甘美、善用其力量；相對的，擁有知識便較有能力構築競爭障礙，建立自己厚實的優勢，讓對手越來越難超越。

我就經常習慣於逆向思考，遇到不順利的事情，例如早期騎機車時，半路車壞了，我邊走路邊想出社區商圈精耕制度；一場大火燒毀企業總部、水災導致許多店面嚴重受損，我和同仁以積極的態度面對危機，化解了一次次的考驗。最後，我想建議習慣於邏輯思維的法律人，在遇到挫折時不妨參考「先處理心情，再處理事情」，時間永遠是足夠的，機會永遠在前方等待，就看你怎麼做好準備再出發。

周俊吉

2003年5月

信義房屋大事記

1981~1987

- 1981 年 3 月公司成立，因政府尚未核准仲介公司營業，故以「信義代書事務所」進行買賣房屋服務。
- 率先採行「先調查產權再進行買賣」，確保消費者交易安全。
- 採行收取固定比例服務費。
- 成立第一家分店新生店，參與大台北不動產仲介聯盟之創立，並正式使用電腦連線作業。
- 總公司成立。導入 CIS，強化企業形象。

1988

- 總公司擴大營業，遷移至松江路中華日報大樓
- 創辦人周俊吉代表台北市房屋仲介同業公會擔任內政部「房地產仲介業管理條例」起草委員。

1989

- 製作「不動產說明書」，首開仲介業者製作「不動產說明書」之先河。
- 哈佛企管發表「九大行業企業銷售力評分調查」，信義房屋名列房屋仲介業榜首。

1990

- 創辦人周俊吉以專家身分，應邀參加全國土地問題會議。

1991

- 購買辦公大樓，總公司十月遷入敦化南路東帝士摩天大樓
- 創辦人周俊吉當選中華民國第十四屆「青年創業楷模」。

1992

- 信義文化基金會正式成立。
- 與中國生產力中心締約，成立流程管理推動組織，展開服務品質元年。

1993

- 實施「購屋全面保障系統」，包括售前保障之「產權調查制度」，售中保障之「付款保證制度」及「代書審查制度」，售後保障之「漏水保固制度」。
- 上海信義房屋開幕，跨足大陸市場。

- 創辦人周俊吉當選「當代傑出企業人物——尊爵獎」第二季經營類得獎人。
- 「土地登記專業流程」獲頒第四屆品質優良案例獎。

1994
- 推出房仲業第一張終身免年費「信義 VISA」認同卡，使客戶同時享有國際 VISA 卡、優惠折扣及公益捐贈卡等多重禮遇。
- 首次由台商集體至大陸投資的「上海崑崙台灣商城」正式成立，並由周俊吉擔任董事長，統籌商城運作。

1995~2003
- 根據突破雜誌調查，信義房屋連續九年為消費者心目中「理想品牌」房屋仲介業第一名。
- 根據天下雜誌調查，信義房屋連續九年榮獲天下雜誌「500大服務業調查」經紀類第一名。

1996
- 信義房屋仲介店頭總家數正式破百，高雄三多店為第一百家分店。
- 信義房屋全面實施「成屋履約保證制度」，並為國內第一家推動此一交易安全新制度的房屋仲介公司。
- 信義房屋「不動產說明書製作流程」榮獲第七屆國家品質案例獎。

1997~1998
- 連續二年信義房屋榮獲天下雜誌企業聲望調查之房仲業標竿企業。

1997
- 信義房屋資本額自1.98億增資至7億，並經證管會獲准為公開發行。

1998
- 創辦人周俊吉榮獲台北市環保局頒發第五屆「特別環保獎章」。
- 信義房屋推出國內首見「信義房價指數」，提供消費者更客觀的市場行情趨勢分析。

1999
- 信義房屋再創房屋流通新紀元，領先同業成為第一家股票上櫃的房屋仲介公司。
- 信義房屋取得美國最大房仲加盟品牌 Coldwell Banker 大中國地區品牌代理權，串連兩岸、港澳地區房地產交易。

2000

- 信義房屋宣布投資新台幣五千萬元於 PC HOME 集團之「網路家庭投資開發公司」，正式跨足網路事業。
- 信義房屋與政治大學合作成立「政治大學商學院信義不動產研究發展中心」，為台灣房地產專門學術研究單位之一。
- 鑑於九二一震災嚴重影響南投縣信義鄉學子們的生活與就學，信義房屋針對該鄉設立「信義至善獎助學金」。

2001

- 與相關業界合資成立吉家網股份有限公司，其所代表之台灣不動產交易中心為台灣最大之不動產交易網路平台。
- 為協助金融機構解決不斷攀升的不動產逾放問題，與相關業界共同成立仲誠資產管理股份有限公司，仲誠同時也是全台唯一擁有國際拍賣執照的民間拍賣團隊。
- 根據 e 天下雜誌「e 價值 100 大調查」中，信義房屋是不動產業唯一進入排名的房屋仲介公司。
- 申請轉上市成功，信義房屋成為國內唯一股票上市的房仲公司
- 連續桃芝、納莉颱風重創台灣，其中又以南投縣信義鄉受創程度最深，信義房屋再度於該鄉設置「信義之子安學計劃」，幫助因桃芝颱風災變遇故家庭之就學子女，資助其完成教育至高中畢業。整個計劃共資助 77 名信義鄉學童。
- 與著名建築師林鎮鯤合作成立荷斯地空間設計公司。

2002

- 揭示全新「以人為本」企業識別標誌。「人」、「房屋」、「巔峰」組合而成的新識別，強化企業深層的價值觀和願景。
- 領先同業與展現服務改革具體行動，修建全省門市同時導入社區形象展示空間，加強信義房屋與社區的關係，是房仲業界唯一。
- 首推【線上影音環場看屋系統】，讓客戶在不受任何時空的限制下輕鬆看屋，看屋的時間也延長至 24 小時。
- 信義不動產估價師事務所取得國內第一家具證照估價師開業的不動產估價師事務所，並正式掛牌營業，使台灣不動產估價業邁向另一個里程碑。

看更多

法律人要理性與感性兼備

洪三雄

星座：天秤座　　　　血型：A 型

現職：和泰電機公司副董事長

　　　財團法人雙清文教基金會執行長

學歷：高中／彰化高中（1965-1968）

　　　大學／台灣大學法律學系法學組（1968-1972）

經歷：華南商業銀行業務員、領組（1974-1981）

　　　台南區中小企業銀行駐會常務董事（1984-1987）

　　　寒舍開發公司董事長（1986-1991）

給法律人的一句話

問心無愧、廣結善緣。

興趣與休閒：旅遊，中國文物古董之研究與收藏。

對法律學科的喜好：最喜歡刑法總則

影響最深的師長與事件：韓忠謨院長，當時發生「台大法言」停刊暨懲處事件；張德溥訓導長，當時發生「言論自由在台大」快報事件。

法律對自己的影響：邏輯的思維，規矩的行事，誠實的做人。

目標與夢想：創建小型中國文物博物館，爲歷史留存見證，替藝術延續生命；創建育幼學校，培植肯上進卻無力求學的孩子。

對法律系學生的普遍印象：缺乏接觸，故沒有印象。

對法律系學生的建議或期許：學習待人處事的道理與方法，遠勝過死讀法律。

更新內容

新一代的法律人：

「念法律沒有用」，我說這句話的意思，是想提醒年輕的法律人，讀書不只是死念法條，必須融會貫通，而且懂得待人處世、設身處地爲人著想，了解社會脈動，否則，念法律不但一點都沒有用處，並且可能徒然淪爲慾望的工具。

我爲何會選擇學法律？又爲何在大學畢業後完全沒有走法律的路？這是許多人都不明白的問題。從小我在彰化鄉下長大，父親是鄉村裡少數的文人、私塾教師、文化協會會員，辦過報社，因爲識字常幫地方上撰狀說理、排難解紛，很受村人尊重。我當時雖小，但親眼看到很多的不公平都是始於弱勢者不懂法律，體會到學法律應該很有用；因此，從初中開始，似乎就夢想大學要念法律。

參與民主運動是學生時代最寶貴的經驗

其實，人生當中總有很多理所當然的事，後來卻出現變化。很意外的，雖然我不曾接受過任何文學藝術的培訓，卻從小一路拿書法獎、美術獎、作文獎，越得獎就越有興趣，在高中畢業前夕，還曾一度想要選擇念台大中文系。結果被父親臭罵一頓，最後還是進入台大法律系。

到了大二，我發現法律並不如我所想像，是可以用來解救蒼生的手段，在當時的國內環境，法律反而是專制政治的統治工具；其時，正逢國事蜩螗、政局不安，從保釣事件、退出聯合國，到中美斷交，驅使我開始關心並參與民主運動、辦報紙、寫

雜誌、搞社團，不願做個只是死守書本的學生。不過，我和革命夥伴陳玲玉（現在是我太太）從大一到大四都連續拿到書卷獎，並沒有因為加入學生運動而影響學校的功課。我們一直覺得這段人生歷練非常好，讓我們深刻認知真理與體制的衝突、解決衝突的方法與步驟。同時，更徹底反思自己的個性專長與適合扮演的社會角色，這真不是一般學生所能有的寶貴經驗。

我太太是一個優秀的法律人，目前主持國際通商法律事務所（Baker & McKenze）。她畢業至今一直走專業的法律路線，但我們如今都已能跳脫世俗名利的桎梏。從人格的評價來說，我覺得她是典型的成功的法律人，我認為她的成功有三點特質，堪供法律人琢磨：

一是「理智」，在工作上她邏輯清楚、判斷明快，非常懂得運用法律；

二是「包容」，面對社會各階層一視同仁，處理事務將心比心；

三是「感情」，她待人重感情、講義氣、守然諾。（編按：請參閱附錄）

我就大大不同，大二通過「高檢」之後，我拒絕各種高等考試，直到畢業還繼續關心和參與民主運動。但退伍不久後卻進入華南銀行當行員好幾年，很多人都問我，為何會從學運領袖變成

銀行數鈔票的行員？理由很簡單，一是自己要生活，我是家中最小的小孩，念大學學費都是靠兄姐支持，畢業後當然要自己賺錢過日；二是岳父規勸不要再參加黨外運動，再加上我雖參與台灣的民主化，但對從政為官確實不感興趣，因此，就決定走自己的路。

雖然不曾擔任法律工作，但我始終覺得念法律是很好的訓練，尤其是法理、哲學與邏輯訓練，可說一生受用不盡。做任何事、做任何選擇時，都可以反複用不同的角度和立場思考，再做最可能周延的決定，就如同我的人生路線的抉擇。

從政較具優勢，但對自己的個性與能力要有「自知之明」

當年與我一起參與學運的朋友，後來大都從政，畢業後也常在一起，更常支持他們；但是我很早就看透，從政並不適合我，因為我自認是個擇善固執的人，這完全違背政壇原理。經過理智的分析終於決定到銀行上班。只是對政治的關心不曾中斷。馬英九是我同班同學、陳水扁是我的學弟，俱是一時俊彥。對他們，我沒有任何預設立場，也不拍馬逢迎，只有對社會的憂心關懷和對政局的逆耳忠言。我也曾支持一些高度理想色彩的候選人，不過這類人似乎都不容易在台灣政壇生存。雖然我慶幸當初沒有選擇政治，但我更憂心政壇上充滿沒有能力、沒有品德卻一心求官之徒。

對當前政壇上法律人當家的情況，我認為很好。法律人有邏

輯、懂得做事方法，推動事務較有效率，而且法律人表達能力比較好，較容易得到選民支持。尤其，我覺得這和台灣政治發展史息息相關，台灣從「無法無天」的時代快速轉變到「法律」時代，很多受政治迫害者從法律中獲得解救，政治倫理也正待逐漸合理化、法制化，吸引也創造了多數法律菁英相繼投入政壇的機緣。

對想要成為法律人的年輕一輩，我認為有三件事可以提出建議。

一、要精通法條；

二、要了解立法的涵意；

三、熟悉被適用法條的環境，也就是要懂得待人處事之道。

用理智面對專業，用感性包容社會

很多人對念法律的人刻板的印象就是比較難溝通、生活比較單調沒情趣。但是，像我太太在法律上很專業，對人卻很溫暖。我們兩人對文化藝術也都有相同的喜好，我認為這才是法律人最好的境界——用理智的一面處理專業，但能用感性的一面包容社會；如果相反用感性面對專業，卻用理智的方式來生活，就很讓人擔心害怕了。

最後，我要說的是，學法律很好，法律的訓練對人生的幫助很大；學法律不一定要吃法律的飯，在各種不同的工作領域都可以發揮所長、有所收穫。

最重要的，就是透過法律的訓練，融入社會，包容社會，用

感性過自己的生活，人生將會更圓滿。

洪三雄

2003 年 6 月

（採訪整理：張怡文）

法律讓人理路清晰

郝廣才

小 檔 案

星座：牡羊座　　　　血型：A型

現職：格林文化公司總編輯兼總經理

　　　國際珍古德協會及保育協會中華民國總會常務理事

學歷：高中／再興中學畢（1980）

　　　大學／政治大學法律系畢（1983）

經歷：英文漢聲雜誌出版主任（1985-1988）

　　　遠流出版公司兒童館總編輯（1988-1993）

給法律人的一句話

不論你過去學什麼？現在做什麼？未來選擇什路？建議你，冷靜而多元的思考，都會是決定人生關鍵問題的最大力量。

重要紀事：

1998年及2002年義大利波隆那國際兒童書展插畫家座談會講師
1996年波隆那國際兒童書插畫展評審（歷來年紀最輕且為第一位獲邀的華人）
1995年金石堂書店年度最佳創意人物
1995年，格林文化獲「布拉迪斯國際插畫雙年展」選為年度世界最佳童書出版社
連續六年為「波隆那國際兒童書插畫展」作品入選最多之出版社
著作：

《起床啦！皇帝》、《繪本童話中國》、《新世紀童話繪本》系列童書；《如果樹會說話》、《一片披薩一塊錢》、《帶著房子離家出走》、《南極勇者——羅伯史考特》、《智慧的長河——釋迦牟尼》、《博愛的十字架——耶穌》、《希望的翅膀》、《帶衰老鼠死得快》、《好好照顧我的花》、《羽毛羽毛飛》、《小石佛》等。

更新內容

政大法律系畢業後，原本就一直想要出國唸書，沒想到出國前到出版社當編輯的工作機會，卻讓我進入兒童文學的世界，到現在為止都沒有改變。但是我覺得人生當中有著一定的偶然與必然，就像是林懷民老師去美國讀大眾傳播，後來卻轉向學舞蹈。其實，就算他不是在偶然間選擇舞蹈，也必然會從事創作、文化之類的工作。

恩師既嚴格又愛護的訓練，一生受用無窮

很多人問我當初為何學法律？事實上我很早就決定要唸法律系，所以大學志願科系都是填法律系，我想這應該受到電影和書籍的影響吧！美國電影和書籍中，有不少都有法律相關的故事或人物，最記得電影「力爭上游」就是談二位哈佛法學院學生的故事；而美國多位偉大的政治家都是法律界出身，讓我覺得法律系是值得的選擇。

在求學的過程中，我自認運氣不錯，因為遇到了幾個很好的老師，像劉興善和唐豫民教授，對我們既嚴格又愛護，平常很和善，上課卻用十分嚴厲的訓練方式，讓我們能練習保持冷靜，要同時注意攻擊和防禦，思考層面也要時正時反。舉例來說，有時我們在課堂上談一個法律案例時，一直都站在甲方的立場，結果考試的試題卻是要你站在乙方的立場，去解決難題，逼得我們被訓練成對每一件事，都會從很多不同的角度來思考。

學法律對我來說，最重要的是讓頭腦訓練得更清楚，可以用跳脫一般社會觀點的邏輯來看事情，會用多樣化的角度去思考和

分析事情，一方面很容易看出缺乏邏輯與相對思考下，普遍的思考混亂所產生的無謂爭執；也比較快找到問題的癥結與真實的答案。

打發出國前空檔，一頭投入童書多彩世界

雖然學法律是我第一選擇，但我倒沒想過要考法官、檢察官，因為到現在為止，司法體制還有諸多需要改革之處，前人的辛苦歷歷在目，仍還有許多問題令人民感覺混亂、不當。而在如此司法體制下，我認為律師可發揮的地方太有限，所以很早就想清楚，在學校時選修所有英美法的課程（因與台灣的考試與司法實務界無關，很少人會修），準備一畢業就出國唸書，希望多研究外國體制。

人生真的是一場偶然與必然的因緣際會，由於我的家人早就移民美國，我畢業、服完兵役，便積極準備出國讀書，但又覺得總不能完全沒有工作經驗，於是很想要利用等待出國的這幾個月做一點事，問了律師事務所都不要只做幾個月的助理，後來偶然找到了漢聲出版當編輯。在這裡我開始接觸到許多國外圖畫書，驚覺原來兒童書也可以這麼好看，從此以後，我就一頭投入兒童書的世界，既沒有出國唸書，畢業後更沒做過一天的法律工作。

不過，我一直認為當學生時法律的嚴格訓練很有用，老師會讓我們在面對困難時必須擱置情緒，冷靜的從各種角度，找到解決問題的方法，並且不斷在挫折當中找到更合理的主張。年輕時累積這些算不上失敗的挫折感，後來在生活與工作中遇到較困難

的事，就不會覺得太痛苦，對人生眞的有很大的幫助。

頭腦清楚，凡事皆可自不同角度思考

針對目前政壇上無論是執政或在野黨都充滿了法律人的情況，我覺得這很自然，因爲法律訓練有一定功能，讓他們在掌握事情時更加精準，也會比別人更有機會，除非是一些專業的技術官僚，否則像政治這種管理眾人的事，比起其他科系，法律人還是最有參與的機會，這在許多歐美民主國家都是一樣。

尤其，當政治主張要落實的時候，最後都會歸結透過法律形式來表現制度化與合理程序，由於法律人被訓練得比較容易從不同角度看事情，比較善於融合各方面的要求，加上表達立場和觀點也比較清晰，在民主政治，尤其現在傳媒如此發達的時代，頗具優勢。

最後，我要強調的是，只要你頭腦清楚，任何事都可以從不同角度分析思考。不論你過去學什麼？現在做什麼？未來選擇什路？建議你，冷靜而多元的思考，都會是決定人生關鍵問題的最大力量。

郝廣才

（採訪整理：張怡文）

點燃法律人的生命熱情

黃晉英

小 檔 案

星座：天蠍座　　　　　血型：B 型

現職：產經開發股份有限公司總經理、祐生研究基金會秘書長

學歷：北一女中（1967-1970）

　　　台灣大學法律學系（1970-1974）

經歷：產經開發股份有限公司

給法律人的一句話

應用智慧，洞悉文明進化的軌跡，掌握先機，動在變化之前，利用所學為全人類謀福祉。

興趣與休閒：鋼琴、舞蹈、攝影、接觸大自然。

對法律學科的喜好：最喜歡民法、最不喜歡憲法。

影響最深的師長：桂裕老師：你永遠講不出一個正確時間，因為當別人問你現在幾點，當你講完時，時間已過了，我才知道原來思路可以這麼的細膩。

法律對自己的影響：讓我在掌握人、事、物都有一定的標準，容易界定是非，使接觸的人覺得我可信賴與信任，讓我行事簡單易行，是個快樂人生。

目標與夢想：希望應用法學素養讓自己從個人、組織、社會、國家、民族所處之處建構秩序，有了秩序加以精進才能複製，使我們所處的環境愈來愈好。

對法律系學生的普遍印象：已成為第一志願，素質本身應該無慮。

對法律系學生的建議或期許：法律系學生是這時期最優秀的一時之選，希望能應用這個優勢從最根本的法律結構了解後，配合現在變動快速的時代作變化，變在變化之前，真正引導文明向前進。

更新內容

給年輕的法律人：

很多人都覺得念法律系需要背誦諸多法律條文，冷暖甘苦非外人所能體會。不知現在的你是否也深陷其中，而苦不堪言？但是，以我個人經驗而言，我覺得只要學習得法，就能夠充分享受知性的感動，而樂在其中呢！

時間管理讓我成績好又玩得快樂

首先，課前一定要先做預習，上課時就能夠很容易的掌握到課程的重點。尤其，法律著重結構性，沒有事先預習，則無法確認課程內容的相關定位，只好再次迷惘於法律條文所堆砌的牢籠了！其次，上課一定要用心聽講，無論台上教授傳業能力的優劣如何，我相信都有值得學習的所在，其缺點可以自我警惕，其優點則可以收為珍寶，終身受用。此外，我經常利用下課時間複習上課內容，所以，我從不知開夜車為何物，充其量只在考試前稍做溫習即可。因此，每次公布成績，同學們都十分訝異，沒看過我讀書，卻都可以取得高分！其實，我只是善用讀書的方法，不僅不用熬夜，還能名列前茅甚至取得書卷獎的桂冠呢！

我和陳水扁總統為法律系的同班同學，我是法學組，阿扁則是司法組。雖然不同組，但湊巧的是，我與初中時的好友，因緣際會同時考上台大法律系，我經常去找她，剛好她的座位就在阿扁的旁邊，所以我們三人十分熟稔。阿扁相當勤學，幾乎都在圖書館K書，因此我們都喚他「圖書館館長」，認真、執著的個性到現在一樣沒變。

　　阿扁認眞、勤學，成績好大家並不意外！我則除了上課以外，大部分時間，在別人眼中幾乎不曾翻閱課本，而且充分享受著生活的樂趣。（不過，附帶一提的是，四年大學生涯我可不曾翹過一堂課喔！）同學不禁要問：怎麼能這樣？其實，原因眞的很簡單，只要培養預習、複習的讀書習慣，不缺課而且認眞做筆記（我的筆記一級棒，可是同學 Copy 的範本呢！），我相信法律系的學生，不需要鎭日埋首於條、款、項中，同樣可以擁有自己的興趣，同樣可以品味生活的感動！只是，不知道現在年輕的學生是如何安排自己的時間？

　　我的祖父爲地方仕紳，父親則是銀行家，由於從小耳濡目染的關係，大學聯考時，報考了屬於法商科系的丁組。當時，台灣經濟正處於起飛階段，國貿等商學系爲最熱門的科系，沒想到數理相當好，而且聯考分數比丁組狀元還高的我，卻因爲文科沒有考好，陰錯陽差的考上第六志願台大法律系。家人雖然十分高興我考上台大，卻仍不免憂心：女孩子怎麼念法律系！家人萬萬沒料到，我不僅可以應付自如，還能名列前茅呢！

第一個工作就是現在的工作

　　由於成長背景的影響，我對商業活動的興趣不曾改變。所以，儘管我在法律系的成績很好，卻未選擇成爲司法官或律師，反而在畢業後，就開始進入工作職場。只是，沒想到我的第一份工作，就是現在的工作。二十多年來，從最基層的工作做起，現在已經擔任公司的總經理以及基金會的秘書長。

　　或許很多人會覺得納悶，怎麼能夠在同一家公司工作這麼久？從畢業、結婚、生子，到現在我的孩子一位大學畢業，一位目前已就讀台大藥學系二年級，我還是非常熱愛我的工作以及我的夥伴們！最主要的原因是，我對於未來的期待和最高決策者相同，而董事長對於我的器重和信賴更是關鍵所在。雖然，有不少人邀請我參與他們的經營團隊，我十分感謝他們對我的肯定。但是，誠如我的座右銘所言：凡經我手的事，我一定全力以赴，而且會變得更好！我既然已經來到這家公司，當然要竭盡我的所能，讓這家公司得以永續發展。看到很多人習慣性的轉行業、換工作，我真心的建議，在下定決心前，要先下足定、靜、安、慮、得的工夫，好好思考問題的所在，才能做出最佳的決策，也才能避免在下一個工作中重蹈覆轍。

　　至於學習法律對我有何助益？儘管我並沒有直接從事法律工作，但在學習法律的過程中，所接受的邏輯訓練以及秩序觀念，卻讓我能夠明快的處理、應對繁複的外在事物。其中，邏輯訓練讓我明確的掌握事與事之間脈絡的紋理；秩序觀念則讓我清楚的了解人與人之間界線的釐定。所以，我處理事物不僅條理分明，更容易贏得別人的信賴與託付。其實，天下事本來簡單易懂，卻往往因為自己不清不楚，渾渾噩噩才會複雜難解。因此，很多人都會說：再難的事到我手上，三兩下就可以解決。由於有了學習法律的訓練，讓我可以解構繁雜的事物表象，將它重組並條文化，讓事物變得清楚明白，不至於墮入模糊空間或灰色地帶，而進退兩難！尤其，法律人對於談話內容分寸的拿捏頗為精準，謹

言慎行可避免不必要的紛爭，這對於管理及商務洽談而言都是相當重要的。

兼具理性與感性，千萬別當僵化的法匠

　　法律人給人的刻板印象都是一板一眼、無聊至極。我認為做事時當然需要理性思考，謹慎為之。但是，應該感性的時候，還是要能夠溫柔的對待自己，所以千萬不要喪失了感性的能力。年輕時的我，工作非常認真，幾乎是全天候的付出。現在，很多優秀的年輕部屬已能分擔公司要務，公司在經營上也穩定的成長，我也能夠擁有更多的時間擴展感性的生活，如攝影、跳舞、爬山等，讓自己維持健康、快樂。我甚少覺得沮喪、挫折，只有看到滿桌子公文會稍感壓力，不過我會以最快的速度處理。我總是樂在工作，所以無論工作如何繁忙，總能滿懷笑意待人。

　　過去，我念書時，法律系並不是最熱門的科系。現在，台灣政壇上這麼多法律人當家，我認為這是時代需要的必然。當台灣走上民主法治的道路，法律人的思想觀念與思維訓練，就逐步顯現其優勢。不過，由於台灣舊有的包袱尚未去除，又亟須開創新局以符民之所欲，在新舊交替激起漫天巨浪的時代，政壇上當家的法律人應該具備更廣泛的知識，若畫地自限於法律一隅，則不僅僵硬自我的思維，亦無法想像台灣未來的願景，更遑論提供有效的政策與施為了。

　　面對年輕世代對於法律的熱愛，已讓法律系成為校園最熱門的科系，也將為台灣培育更多優秀的人才。但是，我還是要提醒

各位，一定要腳踏實地，一步一腳印，用最務實的方式達到自我的目標。同時，也要避免法匠式僵化的缺點，涉獵各方面的知識，體貼的傾聽別人的話語，多了解別人的想法，才能讓思維、生活跳出制式習慣的框架，因應時勢而成長，成為領袖一方的人物。

最後，祝福各位愉快享受黃金年華，一路豐收！

黃晉英

2003年6月

（採訪整理：張怡文）

祐生研究基金會簡介

　　自1978年12月30日本會設立登記以來，本會從對外一般碩士論文獎助，對內知識整理開始，企圖奠下本會宣言"本組織以體驗、研究、設計、執行、推廣 Archilife 為主要之作業範圍，並以提供方案解決人類生存空間之問題為宗旨"之基礎，經歷9年草創與紮基的過程，終在1987年7月1日正式委託"下世代居住空間的研究"，展開本會第一個以10年為期長期追蹤屬於中國人下世代居住的規格之主題研究，並希望能分階段的提出預測再與變化趨勢校對，修正預測的精準度，建立一種以預測引導執行計畫的系統。隨後逐年將領域擴及物環、政策、結構營造、文史、生環等研究，並視需要於其下開設相關子題研究組，使整個"下世代居住規格"的研究日趨完備。

　　隨著時間不斷的推移，自1997年起的第二個10年我們接續第一個10年的研究基礎，致力展開"共生生態環"的研究，基於"研究生態環境特質，尋求平衡改進"之成立宗旨，籌設有健衛、漁農、生環、住空、文史、物環、國政等七大主題研究組及相關子題研究組，以整合"共生生態環"之研究成果，並藉由"第三研究中心"的完成，具體落實"共生生態環"之研究成果，以謀求未來人類族群之生機。

　　同時本會有關知識整理部分也平行發展出知識庫、索引書編寫、養成各科門知識執守者等，作為主題研究時消除知識盲點、精進研討結論的利器，並於1991年度展開為期3年的知識研討會，最後成立"祐生研究聯誼會"，目前本會定期舉辦祐生聯誼會及讀書會，以期在異質多變的未來，強化祐生成員的知識密度。

● 委託研究案

　　基於「研究生態環境特質，尋求平衡改進」之成立宗旨，本會特籌組委託研究案各研究組，以整合"共生生態環"之研究成果。本會更期盼藉由新生子題研究組的加入，能為"共生生態環"的研究帶來續航的動能，並藉由第三研究中心的完成，具體落實"共生生態環"之研究成

果，以謀求人類族群未來之生機。

祐生碩士論文獎學金

本會自1986年起提供「碩士學位論文獎學金」，期望透過獎學金的獎助，能擴大國內對於相關課題研究之風氣，進而提升台灣之學術地位，未來希望能繼續透過獎學金的發放，獎助更多學子致力於知識前線的探索，以期對國家、社會有進一步的貢獻。

【綠色天堂】情境概念：共生化與數位化結合的綠色天堂

在祐生的宣言與信念下，為解決人類所面臨的環境問題，緩和人類為求生存而爭取有限環境資源的衝突，必須靠資源的節約精用或利用的效率提升才有可能；因此我們提出了「共生化」的概念藍圖，標定一種新的文明形式，設想人們如何在物質收縮的未來，應用共生循環的知識與技術，在散居場域永續發展，並透過「數位化」網狀連結，膨脹精神活動的層面。

未來有一群人，將生活在此種共生化與數位化結合的綠色天堂裡，這或許聽來有點像個虛構情境，所有天堂裡的角色與描寫的事件，或許是完全虛構的。不論其指涉到任何現存的或已消逝的真人真事，那或許是純然的巧合。

歡迎參閱網站：www.archilife.org

看更多

立志與公平正義爲伍

王如玄

小 檔 案

星座：天秤座　　　　血型：B型

現職：常青國際法律事務所合夥律師

學歷：高中／北一女中（1978-1980）

　　　大學／台灣大學法律系（1980-1984）

　　　碩士／輔仁大學法律學研究所畢（1984-1988）

經歷：現代婦女基金會董事（1998迄今）、法務部研修民法親屬編男女平權相關條文專案小組修法委員（1995）、民法親屬篇研究修正專案小組修法委員（2003起）、行政院婦女權益促進委員會委員（1998-2003）、財團法人公共電視文化事業基金會監事（2002迄今）

給法律人的一句話

只要認真走過，所有的努力和累積並不會白費，因為即使遭遇挫折或失敗，都可能是生命中意外的收穫。

興趣與休閒：爬山等接近大自然的運動，讓自己更有活力做事；洗三溫暖或泡溫泉，享受放鬆及與人裸裎相見的真實感受。

對法律學科的喜好：最喜歡民法，可以辯論法條背後的價值判斷及形成，理解人與人之間互動的份際及規範，並進而形塑自己的處世態度及存在價值。不喜歡技術性的法律規範，感受不出其生命律動，如證券交易法之類。

影響最深的師長：小學老師的一句話：「妳滿適合念法律的。」（雖然他已經忘記曾經如此這般說過）。

法律對自己的影響：法律的最高原則公平正義，是我生命實踐的一部分。

目標與夢想：期待每個女性認真的活出自我

對法律系學生的普遍印象：太過侷限於司法知識，缺乏法律社會學的觀察與實證的研究。

對法律系學生的建議或期許：應拓展生活領域，開闊胸襟，期許每個法律人都能以所學回饋社會。

更新內容

學弟妹們：

當初選擇念法律，並不是因為聯考分數落點的緣故，而是早在念小學時，已立定志向非法律不念。一方面是個性使然，由於是家中老大，學校裡的班長、風紀股長，一向以執法者自居。另一方面，小學老師的一句：「你滿適合念法律的。」成為法律人的念頭就在那時萌芽，雖然當我考上台大法律系，回母校向小學老師報告時，他早已忘了曾經如此說過。

公平正義是生命實踐的一部分

在台大念書時，我還滿討厭只把「法律的最高原則——公平正義」掛在嘴上說說的人，我從不把它當成知識或學問，而是當成生命實踐的一部分。凡是我認為對的事，便即知即行，把理念付諸行動。譬如：當時我訂了多份雜誌，其中有一份是黃順興先生辦的環保刊物《生活與環境》，裡面有一篇文章提到洗衣粉含磷會污染環境，並對市售各廠牌洗衣粉的含磷成分列表說明。我看到後立刻將那頁影印下來，分發給大家，並勸導大家購買含磷量少的洗衣粉。

又如：身兼「大學新聞社」採訪主任及〈法律學刊〉、〈法訊〉、〈法研〉總編時，台大女生宿舍發生性騷擾事件，當時一位男性學長說：「婦女問題如果女性自己都不關心，別人是不會理睬的。」我覺得很有道理，就挺身而出，一頭栽進婦女保護運動中迄今。

從學校畢業至今，我都是從事律師工作，接的案件有一半也

是我所喜歡辦的案子（也許是長年投身婦運的關係，上門來找我的訴訟案件大多數與婦女權益有關）；而基於對學術工作一直保持高度的興趣，也不斷找機會進修。有時候覺得自己真的是很幸運，一直在做讓自己快樂的事，沒有那種「拿了誰的錢就要為誰說話」的困擾。當然，不可諱言的，有些事在開頭是很辛苦的，但最後得到的成就感，卻令人滿心感謝。

許多人選擇法律是憧憬法官的權威與律師的多金，相較之下，我長年致力婦女被害者的保護，因而有機會參與法律修訂，並進一步享受「改變法律、改造制度、改善社會」的參與成果；甚至有機會可以反過來改變法官的僵化辦案觀念與方法，這是我始料未及的，也是權與錢所不能替代的樂趣。

凡事起步不嫌晚，努力必有收穫

談到人生當中的挫折，我當年參加國家考試並不順利。大學時都在忙著參加社團活動，法律科目考試都是低空飛過，到了研究所時才開始真正念法律書籍，考了3年才考上律師。但是3年的苦讀，讓我對所學了解得更為透徹；每一年對法律條文都有新的體認，而這些全部都成為我目前執業的本錢。在此要告訴所有學弟妹：任何時候起步都不會太晚，而任何努力也都不會白費，即使當時看似失敗，也是會有收穫的。

至於工作上與人際關係上的挫折，我練就的能力是「沉默」，然後去找個重心，努力投入。其實人生中有許多可能，不要一直執著一定要怎麼樣；如果做某些事並不快樂，換個方式或

換個領域也不難，我會選擇用我自己的方式去開啟另一扇窗。

　　挫折對我而言，還有個收穫：以前，比較不懂得體諒別人的失敗，總覺得失敗就是努力不夠的緣故；但是自己經歷了一些挫折以後，在與弱勢婦女相處時，有某種程度的感同身受，多了一點寬容與柔軟度，少了一點傲氣與咄咄逼人，較能以同理心面對及處理事情。

樂在學習，感覺真棒！

　　我一直對學習新的知識有很大的動力，覺得應該不斷自我挑戰，讓自己與時俱進、不斷更新。在學習新知的過程中，隨時都會有新的input湧上來，牽動、重新勾勒既有認知與經驗，感覺真棒！知識更有如儲蓄，一旦獲得，就終身與共，永不憂慮失去。

　　法學的目的應該是培養依客觀事實判斷是非與價值的能力。如果法律人把自己侷限在狹隘的法條領域內，不去擴展生活層面，當然無法進入別人的領域裡互相溝通，也就無法看到別人的需求，制定真正符合大眾利益的法律。

　　這些年來，參與社會運動和法案的制定推動，深深覺得：要批判、改變舊的制度很容易，但要建構一個新制度卻是非常困難。因為法律制度是適用眾人的，而這眾人包括各式各樣不同階級、不同智識、不同價值觀念的人，不能全然以個人的位置及價值做判斷。所以，唯有透過無止境的學習與溝通、觀察，才可以修正一般法律人所缺乏的「法律社會學的觀察與實證的研究」，

跳脫法律人的象牙塔。謹以此與大家共勉之。

王如玄

2003 年 5 月

（採訪整理：劉鳳嬌）

寬廣、美麗的法律人之路

╱李家慶

小 檔 案

星座：水瓶座　　　血型：A型

現職：理律法律事務所合夥律師、交通大學科法所、世新大學法律研究所、台北商業技術學院兼任講師

學歷：高中／中正高中（1975-1978）

　　　大學／政治大學法律系（1978-1982）

　　　碩士／政治大學法律研究所法學碩士（1982-1986）

經歷：中華民國律師公會全國聯合會副秘書長（1996-1999）

　　　台北律師公會常務理事暨在職進修委員會主任委員（1999-2002）

給法律人的一句話

法律人未來的路，依然寬廣、美麗，請一起努力打拼。

興趣與休閒：平日喜歡聽音樂、看電影，假日喜歡登山健行、出國旅遊。

對法律學科的喜好：最喜歡民商法規及經濟法（公平交易法）。

影響最深的師長：陳長文，不僅是學校裡的老師，亦是工作職場上之導師，從其身上學到一些做人、做事的方法。

法律對自己的影響：雖然不是當初自己的第一志願，卻有可能成為終生的志業。另外，自己的另一半也是同校法律系的學妹。

目標與夢想：在執行律師業務之餘，能將部分時間使用在從事相關公益之活動或工作以回饋社會。

對法律系學生的普遍印象：聰明、認真、優秀。

對法律系學生的建議或期許：增加法律以外之專長，並隨時吸取新知，以拓展視野。

更新內容

Dear 年輕學子們：

　　對於包括我在內的許多四年級或五年級生來說，當年讀法律系可能不是第一志願；但是，法律工作後來卻可能成為終身的志業，其中存有許多的機緣，也有著一定程度的努力。相對的，今日法律系雖已成為莘莘學子的第一志願，但現在的法律人對於未來卻似乎愈來愈徬徨。

用心策劃目標，永遠不虞競爭

　　我過去曾在律師公會全國聯合會擔任「律師職前訓練」的一部分工作，有機會了解年輕一輩的法律學子不僅擔心無法通過國家考試，也憂心國內的經濟環境惡化，以及大陸的磁吸效應是否會因此影響法律人的未來出路。此外，他們也顧慮過多的法律畢業生未來如果皆投入職場，是否會帶來更激烈的就業競爭，而更多的法律人則是在究竟要做法官、律師或繼續學術工作間徘徊。因此，法律人如何規劃或建構未來的努力目標或夢想，似乎越來越重要。

　　一般來說，隨著國家經濟的發展以及民主法治的進程，人民對法律服務的需求，將會逐漸增加。尤其，當人民法律意識逐漸加強後，法律人所可扮演之角色或所能提供之服務，都將因此增加。所以，法律人原則上是不用太擔心未來無法發揮所長的，真正應思考的反而是如何策劃未來、訂定目標；且有計畫的增廣見聞與培養專長。

夢想應具有多元化價值與階段性

　　法律是正義的事業，因此法律人努力的目標，不應僅在汲汲追求功名或累積財富，尚應保障人權、實現社會正義，甚至經世濟民、改革體制。即以我所任職之理律法律事務所為例，除要求律師執行一般業務外，並鼓勵長期在財經法規之擬訂以及司法改革之推動上提供意見，以供政府在推動或擬訂國家政策時之參考。同樣的例子在其他法律事務所，亦常見有律師積極投入社會公益或司法改革者。凡此均可以說明，法律人的人生夢想目標應是具有多元化的價值，且具有階段性，在不同的人生階段，可以設定不同的努力目標。

　　不過，不管目標如何建構擬定，要完成實現這些目標，除了個人要有一定的毅力及不斷努力外，建議在未來充分競爭情況下，做為一個法律人，不管是從事律師工作、擔任企業法務，或者是擔任法官、檢察官，乃至從事學術研究工作等，都應留意以下幾個方向發展及努力趕上：

　　一、專業的法律人

　　由於未來的就業競爭將日趨激烈，為了確保在此競爭環境下得以生存及成長，法律人應建立其他專長，而且應該在大學期間即開始涉獵。尤其近年來學士後法律碩士班如雨後春筍般紛紛設立，已陸續有許多建築師、技師、會計師及醫師等取得律師資格，並執行律師工作。因此，接受傳統法律教育者更應加強建立

多元知識與專長，注意科技整合。

做個專業、好學又有合作精神的法律人

以我自己為例，我從事律師工作多年，正逐漸將工作重心集中在一般工程案件的爭議處理上，並從所承辦的案件中累積相關的工程知識與經驗。國內有許多處理海商案件、稅務案件、土地案件或智慧財產權案件的專業知名律師，也都是科技整合成功的模範，或可供未來法律人學習效法。

二、學習的法律人

鑑於近年來法律的修正甚為頻繁，社會經濟活動的發展也日新月異，法律人的工作既與社會脈動不可分離，本來就應該隨時充實專業知識並吸取新知。更嚴格一些，也可以說，由於法律工作者所提供的服務，直接攸關當事人的權益，因此，參與在職進修或訓練，以豐富知識提供當事人最好的服務，不僅是一項權利，更是一種義務。

事實上，過去我在擔任台北律師公會在職進修委員會主委時，便負責依理監事會決議，在每週週末舉辦律師在職進修的各種課程，律師同道參與十分踴躍，可見大家都有此認同。

三、合作的法律人

長期以來，法律工作者總給人獨來獨往的感覺。當然，就司法審判者而言，獨立審判似乎先天上就註定必須獨力或獨立執行其工作。不過，現今的法律工作日漸複雜，且越來越具有專業性，因此，獨立審判已經漸漸不是獨力為之。例如，司法院目前

所草擬的專家參審條例草案，未來將允許專家參與審判。至於律師工作，以往都是個人事務所的型態居多；近年來，在強調團隊、分工及合作精神下，國內已有許多事務所採取合夥型態，新修正律師法並允許外國人加入當合夥人。因此，時移勢轉，與時俱進，新一代的法律人面對的是更多元而國際化的合作與競爭狀態了。

　　儘管未來的世界無法預知，法律人仍應敢於夢想，並有計畫地擬訂目標，且應隨時吸取新知、拓展視野，深植建立自己的專業領域，並結合同道，努力實現夢想與目標。相信法律人未來的路依然寬廣、美麗。

寫於 2003 年 5 月

活在當下，做好每一件事

劉志鵬

小 檔 案

星座：處女座　　　　血型：A 型

現職：寰瀛法律事務所主持律師

學歷：高中／台中一中（1972-1975）

　　　大學／台灣大學法律系司法組（1975-1979）

　　　碩士／台灣大學法律學研究所（1979-1982）

　　　日本國立東京大學法學政治學研究所碩士（1985-1988）

經歷：行政院勞工委員會法規會委員（1990-2003）

　　　行政院公共工程委員會採購申訴審議會諮詢委員（2000-2003）

　　　行政院勞工委員會兩性工作平等委員會委員（2002-2003）

給法律人的一句話

只要持續地做你認為該做的事，就會有開花結果的一天。

興趣與休閒：爬山、游泳（可以藉此紓解工作上的壓力）。

對法律學科的喜好：都喜歡，但最愛勞動法，因為接觸時間最久，也最深刻。

影響最深的師長：李鴻禧老師的辯才無礙及待人方式，以及日本東京大學菅野和夫老師的博學多聞和治學態度，讓我在成長過程中受益無窮。

法律對自己的影響：發現自己的理性面漸漸追趕過感性面，感性逐漸被理性吞噬。

目標與夢想：把一件事當一件該做的事去完成，夢想與目標就會逐漸實現。

對法律系學生的普遍印象：很聰明，行事很有效益的觀念。

對法律系學生的建議或期許：提醒自己活在當下，認為該這麼做的事就要堅持下去。

更新內容

Dear 年輕學子們：

自小因為父親職業的關係，早已浸濡在法律的領域中，因此，走上法律這條路似乎是老天註定的。

我是個內向拘謹的人，不善於表達自己，至今已年近50，見到陌生人還是會覺得緊張，放不開，似乎與當律師所必備之條件諸如滔滔雄辯、有渲染力等格格不入。不料執業律師以來，轉眼竟然已經超過20年了，倒是並未有任何不順性之處。有時自己細思箇中原由，可能因為我的生活邏輯很簡單，一直順著所處的情境，活在當下，不好高騖遠，並且把下定決心要做的事，當做一件事認真堅持去做，時間一久，通常就能見到成效了。

自我充實的動力，源自從未間斷的師生情誼

在不同的人生階段，我會為自己設定不同的目標，這些目標通常是只要我全力以赴，假以時日有可能達成的，所以生活的拍子通常就朝著這些自我設定的目標緩步前進，等到工作的階段性目標達成時，想法自然而然地就更落實了。

學生時候的我，單純的認為法律這條路我走定了，所以在求學的路上，憑著對法律的堅持，加上不斷的苦讀，讓我面對國考的關卡時，未遭遇到太大的挫折就順利過關。

此外，大約在大三時，內心已經萌起出國進修的念頭。自大學到研究所的過程中，感謝李鴻禧老師為我赴日留學啟蒙。而在日本東京大學研讀勞動法期間，指導教授菅野和夫嚴謹的治學態度，影響我至為深遠。其實，師生關係的互動是很微妙的，也是

一輩子難忘的。返國十餘年，來自菅野老師不斷的鼓勵，是我在繁忙的實務工作之餘，猶能持續研讀勞動法的主要動力之一。

有幸選擇律師工作、參與勞工權益的維護

我很鼓勵法律系學生從事律師工作，真的沒有一個工作可以如律師般的多彩多姿又自由自在。例如，律師在辦案過程中傾聽當事人的陳述，其實是一種經驗分享，可以吸收當事人深刻的生命體驗。並且，律師執業的規模可以極小或極大化，可說進退自如。如果想在工作之餘多參與社會事務，那麼，保證會有永遠做不完的公益事務等著；如果很極端的只想中規中矩，做個僅求家庭溫飽的律師也沒人側目。我想，社會上很少有像律師這樣能自助又助人的職業吧！

1988年，我從日本回國時，正值國內解嚴後勞工運動的高潮期，一波又一波的勞資爭議，拍擊著原本保守的台灣社會。傳統政治人物一向將工運視同蛇蠍，企業經理人也還不習慣讓工人發言，威權式的社會以各種蠻橫姿態漠視勞工基本權益，可以想見的，勞資爭議就在彼此觀念落差的誤會摩擦中產生。如此因緣際會，讓我這個勞動法的新手有了見習演練的機會：除了有幸站在轉捩點觀察解嚴後台灣社會的工運，並協助遭受不公平對待的勞工之外，同時，更得以將長年學習的勞動法新知寫成供各界參考的小文章或應用在法庭文件，充分享受印證勞動法理論於實務的無上樂趣。這一段法律人難得的人生經歷，是我人生中一項豐碩的收入。

法律其實就是生活邏輯，就是講理

　　律師站在法庭時，形式上是選邊站，不是代理原告，就是代理被告，讓人普遍認為，針鋒相對就是律師的生活縮影，而法律就是針鋒相對。然而，長期處理勞資事務的經驗告訴我，對立常常帶來更多的爭議；過度執著於自己的想法，往往造成不必要的偏見。傾聽、設身處地站在對方立場思考，反而可以互相尊重的達成彼此可以接受的結論。

　　法律其實只是一套生活邏輯，生活中有柴米油鹽，也有喜怒哀樂，有平衡感地過日子，自然就會健康快樂。同樣的，學習法律時，平衡感也是很重要的，而運用法律時，所處理的既然是凡塵俗事，箇中是非本就難以拿捏，如果遇事能以平衡心看待各方，退所該退，其實，法律可以是平靜的，照顧各方的。尤其，邏輯就是講理，講理而能解決問題，固然讓人信服；如能在講理之外，持厚道心運用法律，法律可以更讓人感同身受。

　　相對於周遭的朋友，我的人生一直很平順，沒有太多的起伏、挫折，讓我時時心存感激。當平常人，做平常事，過平常生活，人生不就是這樣嗎？

劉志鵬

2003 年 5 月

（採訪整理：張欣怡）

生命是追求智慧的過程

楊惠欽

小 檔 案

星座：牡羊座　　　血型：O型

現職：高雄高等行政法院法官

學歷：高中 / 高雄女中（1975-1978）

　　　大學 / 政治大學法律系法學組（1978-1982）

　　　碩士 / 政治大學法律研究所（1982-1985）

經歷：財政部台北市國稅局稅務員（1984）

　　　台灣高雄地方法院法官、庭長（1986-2000）

　　　高雄高等行政法院法官（2000迄今）

給法律人的一句話

知識是生活的手段，智慧是生命的目標，訓練求得智慧的能力，才是學習的極致。

興趣與休閒：閱讀、音樂與瑜伽。

對法律學科的喜好：最喜歡法學方法論

法律對自己的影響：邏輯及分析能力的訓練

目標與夢想：每個人都能對自己負起責任，知所當為，知所不為。

對法律系學生的普遍印象：自我意識強

更新內容

給法律系的新鮮人：

不論你是如願以償的進入法律系，還是陰錯陽差、無可選擇的沾上了法律的邊，總之，既然現在成了法律系的新鮮人，第一句話不能免俗的還是要說「恭喜」！

勇敢「登堂入室」，發現學習充滿趣味

猶記高中時期，仰望新鮮人，心中真是充滿羨慕與期待，並且不解高三生與新鮮人只是「一年」之別，怎麼心境卻有著雲泥之別？後來才知道，法律系新鮮人這一年，其實和過去高三一樣辛苦，但是，學習領域與學習方式的新鮮，確實值得一輩子珍藏。

如今，身為新鮮人的你，或許一方面充滿甜美憧憬；一方面將陸續面對好奇親友質問：「你的記憶力一定很好」、「是不是要背很多法條」的讚嘆與疑惑呢！我想，學習任何學問，「記憶」絕對是必要的過程，但「記憶」與「死背」並不相同，經過認識、理解之後，記憶是自然而得，也才能累積成為自己的法律專業知識。所以，不要害怕，勇敢的「登堂」，你會發現「入室」的過程是充滿趣味的。

宏遠的理想要靠深層的紮根，大學期間法律的基礎教育真的是最好的紮根訓練，「速食餐」（補習教育）或許便捷有效率，能藉以求得生活所需的知識；然而，邏輯及判斷能力的訓練等等法學教育之堂奧，卻是無法速成，需要按部就班長期累積，也只有慢慢的悠游法學之道，才能看盡一路似錦繁花。

做一個負責任的人，是尋求永恆智慧的起始

相對於其他積極進取的法律人，我真是平凡而心無大志。

我之所以成為法律人，是電腦作業分發的結果，當時最關心的是如何考個好成績，好領取獎學金，讓生活稍微好過一點；而會繼續當法律人，則是因為生性一向懶惰，懶得改變現狀，這時最關心的是如何解決我所分到的案件，如何及時把要宣判的判決寫完。但是，40歲以來，我開始思索生活與生命的意義，也深深體會到，堅守法律崗位是因為以法律人為榮。這不是因為世俗外在的職務光環，而是來自法學的訓練，讓我慢慢懂得自省——一種專業的自省及生命的省思，讓我有面對繁雜案件的自信，更知道盡自己的本分，做一個負責任的人，是尋求永恆智慧的起始。

3年前，偶然的機會，我由普通法院請調到高等行政法院服務，開始重新學習與體會。行政法院的法官可以說是這個社會的「默默改革者」，雖然判決很少見諸媒體，但常能導正行政機關的觀念與行為，並對社會產生全面性的影響。

從事10多年的司法工作以來，我苦苦思索的公法與私法、公益與私益、公權力的實體權源與程序瑕疵等等諸多不確定概念的質疑，隨著一個個具體判決而豁然開朗，而審判者在審判過程中心理及思考上的猶豫，也逐漸迎刃而解，真是樂趣無窮。由於經常在審判中發現有許多認真負責的公務員，因為缺乏對相關法規的認識而發生處分上的程序瑕疵，令人感到非常遺憾；因此我也

偶而利用業餘時間出席相關演講，希望可以幫助有為的公務員順利推動政務，並防範對人民權利有所侵害。

紮實的法學教育讓人自信美麗而有智慧

年輕的法律人，凡事永遠不會太遲，不要害怕過去蹉跎多少光陰，人生的經驗和歷練都是學習法律的寶貴台階，認真的跨一步就是一階的精進。印象最深刻的是在畢業 20 年的法律系同學會中，看到從事各行各業的同學，包括許多已離開法律圈的女同學們，大家仍然懷念、肯定 4 年的法律教育，訓練了法律人應有的思考分析及論理能力，後來在各種工作崗位都能脫穎而出。這段溫馨快樂的談話，讓我更加肯定，紮實的法學教育會讓人變「美」，隨時保持自信的美麗，表現智慧的光芒。

年輕的法律人，縱使你已不再年輕，也不管未來的生涯規劃如何，既已踏進、走過這個領域，不妨好好享受、回味前人經驗的法學結晶，相信紮實的法學訓練能助你求得生命終極的智慧。

聰明的你，一定知道如何安排眼前的學習生涯。衷心的祝福你。

楊惠欽

寫於 2003 年 5 月

如果少年法庭有個大大的玻璃窗

蔡坤湖

小 檔 案

星座：雙子座　　　　血型：B 型

現職：台北地方法院少年法庭法官

學歷：高中／台中一中（1979-1982）

　　　大學／台灣大學法律學系（1982-1986）

　　　碩士／台灣大學法研所（1989-1994）

經歷：法務助理（1988-1989）

　　　台灣大學法律學系助教（1991-1992）

　　　台北地方法院刑庭法官（1994-1999）

　　　中原大學財經法律系、特殊教育系兼任講師（1994-2001）

給法律人的一句話

多看看不一樣的人，多聽聽不一樣的意見，多接近大自然。

興趣與休閒：爬山、健行、打球、游泳，希望有法律人的頭腦，也有運動家的身體。

對法律學科的喜好：最喜歡刑事法與身分法，因為讀起來比較有感覺，而且容易有心得。

法律對自己的影響：學會用理性去解釋問題、解決問題。

目標與夢想：寫一本達悟族的法律思想，讓法治觀念平民化；更希望法官工作不要那麼忙，可以多一點時間親近大自然。

對法律系學生的普遍印象：聰明、思想活潑。

對法律系學生的建議或期許：減少法律必修學分

更新內容

各位年輕的法律人：

我的工作是少年法庭法官，每個禮拜二的早上會開庭處理少年事件。我喜歡把庭期排在早上，因為早上是一天的開始，充滿希望，也期待來我法庭的少年，能看到自己未來的希望。

讀思想書、聽憲法課、看黨外雜誌

我的學習經驗可能已經落伍過時，不適合現在的學生了。在大學時，我從來沒想過要參加法官或律師考試，所以有很多時間作夢，其中最偉大的夢想是成為一個大思想家，能弄清楚生命是怎麼一回事？希望找到解決社會問題的方法。要達到這個目標，好像不能只在法律系找。所以，用很多時間在總圖書館找哲學類、思想史的書看，這對自己一些觀念的形成，也提供了一些幫助。

七〇年代初期，台灣思想市場還很不自由，所以揭發、評論時事的雜誌（主要為黨外雜誌），還常常遭新聞局查禁，不過在台大宿舍都可以看到贈閱本，剛開始還像中學時看色情刊物一樣，會臉紅心跳。同時台大李鴻禧、葉啓政、胡佛三位教授，也因為常批判時政，還被稱為台灣三大毒草。我大學四年，課上的很少，不過對李、葉二位教授的憲法跟社會學，倒是印象深刻。李老師會先講三個淺黃色笑話，再談國內違憲問題。那時對憲法理論一知半解，但每次聽笑話都覺得非常爆笑。葉教授的課，總是一面慢條斯理的抽煙斗，一面語重心長的批判社會問題。當時無法體會老師的心情，只覺菸草味非常香，幾個有煙癮的同學，

還常擠在前面陶醉的吞口水。

不過經過2年後，看黨外雜誌不再臉紅心跳，也慢慢了解憲法亂象、還有臺灣的許多問題，才覺得自己思想有進步一點。

另一個觸角的延伸是參加社會服務隊。當時大學生對社會的熱情，是放在社會服務工作。我大一下學期到大二，比較投入的參與一共有三期的台大中友社服，暑假期間，一次在南投縣集集鎮，二次在彰化縣芳苑鄉海邊作社服。社服隊通常會有國中或國小課業輔導及社區服務，其中國輔跟現在拉近城鄉差距的學生輔導觀念一樣；至於社服，我雖然擔任過組長，但實在也說不上來做了些什麼？最重要的應該是在與學生、社區居民的互動中，漸漸了解，對社會主流價值的不適應，會造成許多犯罪問題，尤其少年犯罪問題。其實，這段歷程應是之後會到少年法庭工作的關聯因緣。

要有哲學家的頭腦，野蠻人的身體

因為在台中一中時，高一新生都要練一年長跑，所以也不知不覺中養成運動習慣，並且持續到現在。大一時，每天下午，包括應該上國文課的時間，都會跟幾個同學從新生南路、辛亥路交叉口的男十一宿舍，沿著操場、普通教室、穿過舟山路到台大農場附近慢跑或散步，那時的口號是「要有哲學家的頭腦，還要有野蠻人的身體」。有一天，跑步經過普通教室時，竟被上課的國文老師叫住，並且講了一些孺子不可教也的話，並且學期末還跟一群外籍生、港澳僑生一起補考國文。但這倒沒有改變我當時在

傍晚運動、散步的習慣，因爲始終覺得，在微風中運動、思考，絕對比呆坐在無趣的教室裡，更容易發現眞理。

大學成績非常差，畢業後才知道國家考試的錄取率不到3%，也就是說班上70個同學，每年只有2個人可以考上，依照名次排，我應該要40年後才考上。

不過，總認爲會有奇蹟出現，雖然每次考試照預期落榜，但同學問起考得如何？總是抬頭挺胸的說：「比去年好，但比明年差！」。還好，退伍後第二年就輪到我考上。不過，當時選擇先到研究所，而沒有急著去擔任律師或參加法官受訓。

陽光從窗外的綠色草地慢慢走進教室

台大法研所期間，是個快樂的記憶。很喜歡陳棋炎教授、戴東雄大法官合開的身分法專題研究，2個老師，3個學生，對許多問題從不同角度互相辯論，很過癮。而且教室有很大的窗戶，陽光有時候會從窗外的綠色草地，慢慢走進來，讓人有一種溫暖、幸福的感覺。

當然，跟優秀、傑出的年輕人一起討論學術的大學教授生活，令人羨慕。但社會的另一面，還有許多我們認爲不優秀、不傑出的犯罪少年。不到校園外，看他們爲生命找出路的困苦掙扎，那麼自己對生命的認識，對社會問題的了解，永遠會有盲點。

基於這樣的心理自己後來選擇當法官，而沒有繼續走學術的路。

　　這種心理一直影響自己。碩士論文沒選時髦的研究題目，卻選了少年法，指導老師蔡墩銘教授也很支持。論文寫作進度很緩慢，期間還因為忘了辦休學，遭到學校退學；當時還寫了一份文情並茂的信給學校教務長，信誓旦旦的表示所寫的論文，將會對台灣社會有很大貢獻。教務長感動之餘特別同意我復學。後來，碩士論文雖完成，卻沒有預期中的對社會有很大的貢獻，但這段論文的寫作，讓自己對少年法有一股莫名的親近。

　　少年法庭也像個人生教室，我們不願意看到的各種衝突，少年跟家長的衝突，少年跟被害人的衝突，少年跟社會衝突，都在教室裡一一呈現。看到茫然或緊張的少年，無奈或抱怨的父母，憤怒或怨懟的被害人。我常會不禁想到，如果這個法庭，也有大大的玻璃窗，可以看到窗外的天空、綠樹，也可以讓陽光走進來，少年、成年都感受得到生活的溫暖、幸福，應該就沒有那麼多衝突了。

　　相信你們在成長過程的某一個環節也會像我一樣，忽然有了一個觸動就這麼默默的遵循這個觸動而作了取捨與選擇。

　　祝福各位有快樂自在而充實的未來

蔡坤湖

寫於 2003 年 6 月

法律作爲一種職業

吳豪人

小 檔 案

星座：巨蟹座　　　　血型：O型

現職：輔仁大學法律學系助理教授、小米穗原住民文化基金會、台灣人權促進會執行委員

學歷：高中／建國中學（1983畢）

　　　大學／政大法律（1987畢）

　　　碩士／日本京都大學（1993畢）

　　　博士／京都大學（2000畢）

　　　其他／德國科隆大學（博士後研究2000-2001）

經歷：國策中心政策分析員（1989-1990）、京都大學助手（1997-1998）、日本立命館大學兼任講師（1997-2000）

給法律人的一句話

知性的悲觀主義，意志的樂觀主義。

興趣與休閒：旅行、打屁。

對法律學科的喜好：最喜歡法律思想史，最討厭補習班的法律教材。

影響最深的師長：京都產業大學法律系張雅孝教授

法律對自己的影響：想通了什麼叫做 modern 和 modernity。

目標與夢想：怎麼能告訴你？會教壞學生。

對法律系學生的普遍印象：不太用功。但是人格發展上，比起我們這些白色恐怖陰影下長大的健全得太多了。完全值得寄與深切期待。

對法律系學生的建議或期許：先請政府提高司法考試及格率再說吧！否則建議什麼對於學生都是苛求。

更新內容

各位法雛：

研究社會科學的人們，大約無人不知韋伯（Max Weber）的兩篇演講「政治作為一種志業」和「學術作為一種志業」。

「志業」的德文原文是 Beruf，既可翻譯為「職業」，也有「使命」的味道。因此英文版就翻譯成 vocation 甚至是 calling 了。

不過，我仍然覺得翻譯為「志業」未免矯情。

日本學者將 Beruf 翻譯為「職業」。職業和志業在中文中意義明顯不同，在日文裡卻無如此心理曲折。

吳氏格言：寓理想於現實，寓樂趣於理想

很奇怪的，他們中國人似乎在工作上不加個「志」字，彷彿就無法認真。可是我倒覺得，「志」字表面上帶有明顯的道德色彩，其實卻隱含著把職業區分貴賤的傲慢心理。而對於日本人來說，「職」字本已代表對於專業的尊重。不見得擺地攤就是混飯吃的職業，開大型聯鎖店才是什麼志業。只要一生鞠躬盡瘁，精益求精，那怕賣地瓜的，有朝一日也能成為「人間國寶」。

無論職業或志業，總應一生相許。同學們假如打算把「法律作為一種職／志業」，最好應該做些自我心理建設。昨天晚上徹夜苦思，終於胡謅出一句「吳氏格言」，曰：「寓理想於現實，寓樂趣於理想」。想要把「法律作為一種職／志業」，前提要能兼顧現實生活、人生理想、生活樂趣，少了一樣都保證你會很痛苦。

根據德國法學者 Radbruch 的分類，十九世紀初德國的法律系學生大概可以分成：

第一型「俗不可耐型」；

第二型「知性極端發達，精神人格幼稚型」；

第三型「熱愛藝術，卻缺乏才能或抵抗不了家庭或世俗功名而屈服型」。

這三個分類，正和我所說的現實生活、人生理想、生活樂趣息息相關。

現實生活、人生理想、生活樂趣

第一型的法律人自古以來便所在多有，把法學當作「麵包學（Brotwissenschaft）」。

第二型則大概是 Radbruch 愛深責切之語。不過法學說穿了乃是排難解紛之學，法律人必須和人性中最陰鬱的一面打一輩子的交道。只有知性和潔癖是不夠的，多少得加上一點點理想主義來支撐。

第一型和第二型並不是絕對互斥的。法律人常被譏為「法匠」。那又怎樣，木匠（耶穌）也得吃飯啊，何獨罪法匠？因此這時候第三型就顯得重要。「把自己立於理想與現實的兩難」，其實是一個反人性的錯誤命題。

過去在白色恐怖時代，台大的殷海光教授（人稱自由人權鬥士！）就是一個令人悲傷的例子。他因為力主民主自由，得罪當道，結果丟了教職，生活困頓。不過他就算兩袖清風，也堅持坐

計程車。因為他認為和一大群人擠公車是踐踏人類尊嚴。照我的看法，殷先生風骨過人，可惜少了斯賓諾沙的訓練（磨鏡為業餬口，研究哲學自娛）。假如是我，我會去開計程車。

目前台灣法律系學生僧多粥少，就業困難。在現狀未曾改善之前，同學們真得仔細評估：真的非把「法律作為一種職／志業」不可嗎？

法律系出身，卻對法律深痛惡絕的人所在多有。馬克思、海涅都是如此。雖然他們後來終於聽從自己內心的calling，放棄成為法律人，而且日後各有大成，但我覺得還是太辛苦，浪費青春。

「樂趣」是學法律最重要的精神力量

杜思妥也夫斯基曾說：「想令一個人痛苦，只要在他的任何行動加上一點強制性的味道就夠了」。這真是千古名言！喜歡吃辣椒，和被刑求鼻子灌辣椒水完全是兩回事。所以，為了適應現實，又不須過分 snobbish 的「以法律為職志」，那麼在法律中感覺到樂趣，就是不可小覷的精神力量了。無論你想當人權律師、惡德法官，或者司法黃牛皆然。如果讀法律完全不能讓你感到一點點快樂，甚至因為讀法律而使你變成無趣的人——轉行吧，世界上有趣的行業比牛毛還多著呢！

「寓理想於現實，寓樂趣於理想」知易行難，屬於高級技術，需要相當的努力。如果同學們仍然決定將「法律作為一種職／志業」，那麼當你遭遇三者難以兼顧而抱頭發燒的時刻，請你

仔細咀嚼 Gramsi 的建議：

「知性的悲觀主義，意志的樂觀主義」。

也許你就不會那麼頭疼啦。

吳豪人

寫於 2003 年 5 月

關於「小米穗原住民文化基金會」

吳豪人

● 成立緣起

我曾經聽過一個大學時代熱中參與學運的朋友，嘲笑出國留學之後才狂熱於民主改革的人，是「得了遲發性學運症候群」。我覺得這個嘲諷不免持論過苛。

包括法律人在內，在我們的成長過程中，總是會遭遇到某些契機，促使我們的社會意識萌芽，同時也悲傷地結束我們的童年。只是，我們並不知道這樣的契機，什麼時候才會來臨。

學生運動，只是社會意識萌芽的契機之一而已。

80年代風起雲湧的原住民爭取權利的運動，基本上學運世代也是缺席者，實在沒臉指桑罵槐。話說回來，原住民的悲慘處境，不可能無緣成為台灣青年社會意識萌芽的共同契機；只不過大家際遇不同，「遲發性原運症候群」發作得有遲有早而已。

小米穗原住民文化基金會，之所以在2001年夏天成立，也只是20年前播種在董事們心中的原運種子，如今才生根發芽罷了。

托爾斯泰曾說：你總不能一邊騎在人家頭上不肯下來，一邊又假惺惺的問他「你累不累」。我們設立這個基金會，想法其實也非常單純：原住民如今的悲慘境遇，正就是台灣不公不義主流社會的產物。原住民的人權問題也正是台灣人權問題的縮影。如果不能解決他們的困境，也就無法解決主流社會的道德困境。這正是我們希望能夠對於原住民社會能有小小協助的原動力。

當然了，如果沒有捐助人俞秀霞女士的慷慨解囊，基金會不知道還得繼續「虛擬現實」多久呢。

● 基金會成員

除了捐助人俞女士及其公子以外，小米穗的董事們中，有8個人讀法律。其中有7個是政大法律系畢業的。除了目前任教於日本京都產業大學法律系的張雅孝老師（政大法第4屆）之外，其他6個都是1987年政大學生運動組織〔野火〕的成員。

不過，學運背景充其量只是增加董事之間的默契，絕對不是基金會成立的主要原動力。真正的原動力，或許是因為我們有共同的專業背景

──法律──讀法律的人，就算不提什麼「正義」「人權」，光憑所受的訓練，就已經很難對於「非法」事實無動於衷。何況原住民的權利，被踐踏得這麼明顯。

不過，法律人的毛病，就是「專精一藝」──兩百年前，歷史法學派的老祖宗沙維尼就感嘆過：「法律人是社會科學的鄉巴佬。」因此，我們還有一位重要無比的董事：中研院民族所的黃智慧老師。同時，我們的副執行長是著名的原住民女性作家：利格拉樂・阿烏。這樣有助於思考的多元化。

「小米穗」釋名

台灣原住民諸族語言文化各異，然而和歷來的統治者們的異質文化對照之下，則有一個相同點──小米文化。原荷、原漢、原日之間，最大的不同在於飲食文化。小米成為各族民族認同的象徵。小米文化代表著：落地生根、富於營養、高抵抗力、生命力強韌。正是本基金會對於原文化的熱切期待。

做些什麼

小米穗原住民文化基金會從去年 7 月份正式成立，至今已經 11 個月。基金會試行運作的這 11 個月之間，不僅在我們每個董事心中都已經先種了一把小米，陸陸續續的也在台灣各地播種了一些小米種子。我們贊助蘭嶼的董森永牧師和他的公子董恩慈先生，用鏡頭紀錄達悟族的生活與傳統；幫助在台東金峰鄉的王昱心老師用陶藝的巧手，帶領學生燒出了一個個雅緻的傳統陶壺；針對原住民現況與阿里山鄒族發生漢人盜採蜂蜜案，舉辦了兩次座談會；俞秀霞原住民獎學金的第一屆、第二屆得主葉如蘭小姐與李麗珍小姐，今年將要前往日本及美國留學，更要跨海將這把小米種子帶到日本、美國散播。

今年基金會除了持續辦理留學及海內外短期研習獎學金的徵選外，也將在年底擴大舉辦部落論壇活動，預計邀請台灣原住民每一族的代表，與我們共同討論各族今年的年度大事。另外，我們也將善用基金會董事中的法律專業背景，提供原住民朋友法律服務，並培訓志工人員，歡迎大家共同來投入原住民的世界。

歡迎參閱網站：www.millet.org.tw

看更多

選擇做對的事

廖正豪

（財訊提供）

小 檔 案

星座：牡羊座　　　血型：O型

現職：文化大學法律系、法律學研究所專任教授、國立台北大學法律學研究所兼任教授、財團法人向陽公益基金會董事長、中華佛教普賢護法會總會長、中華民國身心障礙者藝文推廣協會名譽理事、刑事法雜誌社基金會董事長

學歷：高中／省立後壁高中（1961-1964）、大學／台灣大學法律學系法學組（1964-1968）、碩士／台灣大學法律研究所碩士班（1969-1973）、博士／台灣大學法律研究所博士班（1974-1991）、其他／日本東京大學研究（1976-1977）、美國史丹福大學訪問學者（1992）

經歷：律師（1969-1979）；東吳、東海、中興大學、中央警官學校兼任講師、副教授、教授（1973起）；行政院法規委員會參事（1981-1984）；台灣省政府法規委員會兼訴願委員會主任委員（1985-1986）；行政院新聞局副局長（1988-1992）；行政院副秘書長（1993-1995）；法務部調查局局長（1995-1996）；法務部部長（1996-1998）

給法律人的一句話

肯定自己，尊重別人；朝向目標，勇往邁進；辛苦必有代價，努力必會成功。

興趣與休閒 興趣廣泛，隨時吸收新知識，尤其對社會發展與民眾福祉之事，更深入了解與參與。常以「工作就是休閒」自我勉勵。

對法律學科的喜好 法律科目都很喜歡，尤其是刑事法學科（刑法、刑事政策、犯罪學及刑事訴訟法）。

影響最深的師長 韓忠謨先生、周冶平先生、洪福增先生。

影響最深的事件 大二考上高考司法官（時年20歲）；大三參加司法官訓練所第八期受訓；作了十年律師（23歲至33歲）；按部就班作公務員，經過地方及中央各種歷練。

法律對自己的影響 建立是非分明的觀念，養成自己對社會國家之責任心與使命感，堅持理想、注重方法、服務社會。

目標與夢想 自我更加淬礪奮發，更加努力服務社會，期盼導正社會價值觀念，大家繁榮幸福。

對法律系學生的普遍印象 資質不錯，生活及學習條件優厚，活力也夠，但深度、理想性與用功程度卻有待加強。

對法律系學生的建議或期許 善用良好的條件，更加用功，建立正確的人生方向，培養與他人及社會共存共榮的胸襟與氣度。

更新內容

親愛的小學弟小學妹們：

我從小就喜歡看章回小說，對故事裡「鏟惡鋤奸、濟弱扶傾」的精神十分欽佩。稍長，每每看到不公不義的事情時，總會義憤填膺、熱血沸騰，並體會到要「除暴安良、伸張正義」，必須要有健全的法律制度，使民眾有正確的行為規範。於是，大學聯考只填五個志願，都是法律系。

讀書和志趣相結合，心無旁鶩

章回小說看多了，書看得快又記得牢，對理解學校的課程、參加考試也很有幫助。回想起來，我參加一些考試似乎都滿順利錄取：第一志願考上台大法律系，大二那年通過司法官高等考試，當時只有20歲，大三通過留日考試，大四高考律師及格，同時也考上研究所，也許就跟我的讀書方法有關。我在閱讀法學書籍或是教材時，並未刻意去記條文，而是把法條放在旁邊，對照著看。第一遍逐字逐句推敲，充分理解每一章節，第二遍則是看全書的架構、脈絡，再看第三遍時，一邊看一邊回想內容，幾乎整本書都融會貫通，法律條文也自然而然牢記腦海。

我認為書要讀好，和興趣、志向都有很大關聯。興趣之所在，自然樂於學習，目標明確，自然全力以赴；其次是要心無旁鶩，專心可以使再深奧的學問都變得淺顯；第三則是不要好高騖遠，一本書一定要看得仔仔細細，完全理解之後，再看第二本。千萬不要「眼高手低」，本本分分做學問才能紮實。除此之外，我從不劃地自限，對於各方面的知識，我都很有興趣涉獵與學

習，這樣的態度，為我以後從事不同領域的工作，打下良好的基礎。

曾為當司法官或執業律師而舉棋不定

大學畢業時，我同時考上研究所以及律師執照。服完一年兵役後，曾為當司法官或執業律師而舉棋不定。後來為了兼顧研究所課業，選擇開業當律師。1974年，我考進台大第一屆法律博士班，一邊讀書、一邊在大專院校兼課，又要兼顧律師業務，這樣的生活型態持續了10年，一直到我放棄律師工作，轉任公務員為止。

我的博士班學位分兩個階段，花了16年才完成。博士班規定的修業年限是6年，必要時可延2年。第一個8年，因律師業務繁忙和擔任公職事務繁重，來不及提出論文。我心有未甘，又以第一名成績考進台大博士班。然而，當時先後任職省府法規委員會兼訴願委員會主委、行政院第一組組長，受命辦理解除戒嚴、開放黨禁、地方法制化等專案；又擔任行政院新聞局副局長，主持對美著作權談判。實在是分身乏術，但是我下定決心要排除萬難，完成論文，終於在第二個8年快屆滿時，取得博士學位。

投身社會公益，推動法治教育

不論在任何一個崗位上，我都希望盡心盡力，把工作的效能發揮到極致。在任職法務部部長期間，更不時自我砥礪：要做對的事、並要對國家、社會有使命感。所以，在掃除黑金等不法犯

罪的同時，我也全面推動法治教育進入學校、社會、家庭、監獄、看守所及軍中所有環境，投注全部的心力，以期建立一個人人知法守法，和諧安樂的新社會。

卸下部長職位後，我謝絕了所有公有機關（構）的安排，回到民間，除了教書以外，更積極推動很多公益事業，繼續服務社會。包括：

一、在許多科技界友人的慨然支持下，將聯電集團於我在法務部部長任內時所主導成立，專門推動認養國中「後段班」學生，以及對更生人施以電腦技能訓練之「向陽工作室」，擴展成為以推動法治教育、實施中輟生及青少年輔導、關懷更生保護，以及重建社會倫理價值為宗旨的「財團法人向陽公益基金會」。

二、我同時和淨耀法師、柴松林教授等成立「中華佛教普賢護法會」，推動反毒宣導、毒品戒治以及更生保護工作，

三、並帶領「中華民國身心障礙者藝文推廣協會」的視障朋友，以音樂進入監所、學校及社區，感化受刑人、學生及民眾，足跡從深入九二一中部災區到遍及海內外。

四、此外，我還帶領了「刑事法雜誌社基金會」等十多個基金會與社團，從事各項公益工作。縱然在民間，我相信仍然可以將我的力量作最大的發揮，為社會、為人民做出貢獻！

「法律就是生活，生活就是法律」

我覺得「法律就是生活，生活就是法律」。出門買一份報紙、買一個麵包、搭公車或計程車等等，都與法律有關。在家

裡，和父母、子女、配偶之間的相處，也跟法律息息相關。其實，人與人之間應如何相處、互相尊重等等，都在法律規定範圍內。更簡單的說，法律就是為人處事的道理而已；而推動法治教育就是希望把法律觀念生活化，將「守法」真正落實在生活中，成為習慣。

法律並沒有那麼深奧，只要多想再做，以肯定自己、尊重別人來當作行為準則，這樣的作為應該都會符合法律的規定。期勉大家都能培養與他人及社會共存共榮的胸襟與氣度，這樣我們台灣地區會是一個美好的家園、人間的樂土。希望大家和我一起努力，台灣的明天一定會更好。

2003 年 5 月

（採訪整理：劉鳳嬌）

財團法人向陽公益基金會簡介

• 成立宗旨

　　財團法人向陽公益基金會，鑑於現代經濟的快速成長及人際關係之疏離，造成社會亂象叢生、風氣不佳、治安敗壞，因此期以根絮法治教育基礎、重建良好社會價值、發揚倫理道德觀念及奠定社會安寧秩序為宗旨，結合民間組織的力量，擇定政府未做或尚未完善的項目，有系統地導正青少年偏差思想，推動受刑人更生保護及建立法治精神以改善社會風氣，創造一個守法、公義、平等、和諧且具人文關懷的公平正義新社會。

• 董事長的話

　　台灣地區隨著經濟的快速成長，人與人之間的互動機會雖然增多，然多屬於只知追求名利與享樂，卻不再重視傳統的倫理價值。因此在我們社會物質豐裕的同時，卻面臨治安日益惡化的危機，不禁令人為我們這「婆娑之洋，美麗之島」的未來感到憂心。

　　正豪於任職法務部長期間，即深知台灣社會的亂象乃因傳統社會價值扭曲、道德觀念淪喪以及法治教育不夠完備所造成，乃投注相當多的精神以期建立一個人人守法和諧的新社會。

　　卸下部長職位後，有許多關心台灣社會現況的朋友，不忍看見我們美麗的福爾摩沙變成貪婪、罪惡之島，便督促本人成立一個推動法治教育、關懷受刑人更生保護及培養人民倫理道德情操的公益機構，將本人在部長任內未完成的志業繼續推動。對於此一盛情，本人雖感惶恐，惟每一慮及身為斯土子民，理應盡之義務，實難稍有怠忽。因此，在聯電集團曹董事長興誠先生、聯電宣董事長明智先生及許多科技界友人的慨然支持下，將聯電集團於本人在部長任內時所主導成立，專門推動認養國中「後段班」學生，以及施以電腦技能訓練之「向陽工作室」為主

軸，擴展成為以推動法治教育、關懷更生保護以及重建社會倫理價值為宗旨的「財團法人向陽公益基金會」之構想。這個構想普獲社會各界人士的熱烈支持、認同及踴躍捐輸，本人在此更深表謝忱。

　　為了達成根紮法治教育、關懷更生保護並重建社會的傳統倫理價值等目標，是一項需從基礎面積極落實的工作。因此，本基金會未來的發展亦將按步就班，先從開辦民眾法律諮詢服務、提供青少年及受保護管束人心理輔導諮商、並組織服務隊推廣法治教育等方向著手；再推動民間企業認養國中後段班學生或受假釋人以培養其謀生技能、或設置「更生人就業輔導中心」輔導受刑人就業，教化誤入歧途的人們改過遷善。最後，更希望能與本基金會成立宗旨相合致之其他基金會凝聚改造社會之共識，共同協力為這塊土地創造一個守法、公義、平等、和諧且具人文關懷的公平正義新社會。

　　社會風氣的改造，是一個需要長期灌溉耕耘的工作，如果您能認同本會服務宗旨，並有意為這塊土地奉獻一點點心力，歡迎您加入我們的行列，與我們共同攜手努力。

服務項目

　　（一）關懷弱勢團體、促進兩性平等及社會各階層各族群之融合。

　　（二）弘揚倫理道德觀念，推動各項社會改造公益活動。

　　（三）輔導協助中輟生、國中後段班學生，施以生活輔導及技能訓練。

　　（四）推動犯罪人更生保護，並加強對犯罪被害人及其家屬之關懷。

　　（五）研擬治安改善措施，提供政府改善治安。

　　（六）紮根青少年法治教育，培養全民守法觀念。

　　（七）其他符合本會宗旨之相關業務。

歡迎參閱網站：www.tosun.org.tw

看更多

做什麼，像什麼

謝震武

小 檔 案

星座：天秤座　　　　血型：A型

現職：謝震武律師事務所主持律師

學歷：高中／台北市立中正高中畢（1981）

　　　大學／政治大學法律學系畢（1986）

　　　律師高考及格（1992）

經歷：統一超商法務專員（1988-1991）；台灣電視公司法務律師
　　　（1991-1995）；齊麟國際法律事務所合夥律師（1995-
　　　1999）；謝震武律師事務所主持律師（1999迄今）；八大
　　　「大家來審判」、民視「天天星期八」、台視「超級大富翁」、
　　　「愛的任務」等節目主持人（1996迄今）

給法律人的一句話

法律不只是一門提供好專業的學科,更是一種需要終身踐履的生活態度。

興趣與休閒:旅遊、打高爾夫球。

對法律學科的喜好:最喜歡刑法,沒什麼不喜歡的。

影響最深的事件:「洛城法網」影集

法律對自己的影響:生活態度嚴謹,沒學法律的人敬咱們三分。

目標與夢想:帶著全家環球自助旅行

對法律系學生的普遍印象:活潑、聰明,對法律的理想性較浪漫。

對法律系學生的建議或期許:精研基礎法學,廣修財經課程。

更新內容

Dear 年輕學子們：

「你怎麼進主持界」、「當主持人和當律師，有什麼不同之處，你是怎麼把二個看似不同的事情都做好的呢？」每一次接受媒體朋友採訪時，一定會出現這些問題！問多了，有時連我自己都想問自己，對啊，我怎麼會走進這兩個看來不相干的圈子，又怎麼能兼顧呢？這一切，都只能說是機緣吧！

選擇一個能幫弱勢者出頭的行業

我會選擇法律為終身事業，說來也好笑，竟然是因為我在高中時，有一次買東西，因為我付給店家 100 元，他認為是 50 元而有所爭執，後來我回家請出已經成年的家兄來理論（因為錢是我哥哥拿給我的，請他當證人，不是找來當打手，別誤會），沒想到店家二話不說就馬上再退 50 元，當時就讓我覺得這個社會不應該是大人說話算數，小孩（更何況已經高中了）說的就不算；不應該是有權有勢的人說了算，弱勢的人說了就不算。

當時我就想，總要有個行業能幫弱勢的人說說話、出出頭吧，就因此，我選擇了律師這個行業。後來，考進了台視擔任公司內部律師（inhouse lawyer），認識了許多位節目製作人，但都是針對相關法律事務接觸談話。後來，我離開台視，自己成立事務所後，有位以前認識的製作人要作個 Call-in 節目，不知為什麼就找上我一試，也沒想到從此一路走來至今，所謂「計畫趕不上變化」，大概就是這個道理吧！

律師和主持人之間，看起來似乎相去 10 萬 8 千里，但是這兩

者間有許多共通之處。開庭前，律師會蒐集、分析案件的資料，研究相關法律與判例，先做沙盤推演；而主持人準備節目時，也要蒐集該集的主題資料及來賓背景研究；律師開庭時，會將所要提呈的資料依次提出，當然現場的即時答辯及攻擊，更是重點；主持人在主持節目進行時，也會照 Run Down（節目流程表）依序進行，但也要依照現場來賓不同的回答及狀況，應變地提出問題掌握狀況，以激出火花。

法律的邏輯和磨練讓我可以身兼二職

兩相對照之下，相似處其實很多，只不過律師的業務，絕對是嚴肅的，而節目呢？則多半是輕鬆有趣；而身兼二職的我只要做好心理調適就可以了（說來簡單，但做起來還真要花番功夫，據說好像雙子座的人比較適合）。

其實就一個法律人來說，法學及邏輯訓練在任何行業都是有用的。以前在讀書時，老以為法律人的出路只有律師和法官，尤其後來參加律師考試時，在考場看到年紀不小的法律人仍在考場奮戰，除了心中感慨，更確信似乎這是唯一之道；等到在社會上工作這許多年，在各行各業碰到許多菁英都是法律人出身的，這時才體認到，法律人的路是如此無限寬廣，這些應該都歸功於法律科學及邏輯思維的訓練成果吧！

因為法律不只是一門學科或職業，而是早已轉換並深植在每個法律人的細胞中，不論在待人處世，或在面對職場問題時，都能自然而然的發揮智慧，將問題迎刃而解。這也是有人建議我為

什麼不停下律師業務，專職擔任主持人時，我從來不予考慮的原因。我曉得只有繼續在法律邏輯的思考和磨練下，才能讓我維持一貫的敏銳，也才能讓我在其他行業上更出色。

在節目中輕鬆宣導法律常識

法律人都曉得事先預防更勝於事後懲罰，由於我在法律領域的實務經驗，使我得以比他人更有機會藉著節目對法律宣導有所貢獻。我常受邀至各地演講，但我從不會直接介紹深奧、單調、枯燥的法律，而是運用節目中的一些例子，讓民眾輕鬆的吸收些實用的法律常識。相對地，在節目中如果涉及法律爭議時，我也會嘗試適時提出一些正確的概念，透過媒體的傳佈，教育更多民眾，這樣更能讓我在身兼媒體及法律工作角色時發揮相得益彰的功效！

不管是當律師、當主持人，甚或再擔任何角色，有法學素養的加持，我有信心說「做什麼，像什麼」，身為法律人的你呢？

謝震武

寫於 2003 年 5 月

期待法律人一起改變國人對司法的誤解
推薦者｜翁岳生｜前司法院院長

17年前所寫的推薦序，如今重讀，令人感到司法改革，確實不容易；問題仍然在一般人對司法、法院、法官的不信任。期待法律人在獲窺法律堂奧、成為優秀法律工作者之餘，亦能承擔責任，關心如何改變一般人對司法的誤解。唯有法律人積極主動喚起全體國人，共同形塑現代化國家的法治建設，始能有成。

作者（以下依姓氏筆劃排序）

盡心盡力，無愧於天

王如玄｜常青國際法律事務所顧問

法律是最大的社會公益：實踐公平正義是助人的初心！

人生有無限可能，任何時刻、任何位置，永遠有事可做。只要初衷不變。

法律是對每個生命的尊重與承諾，其行動實踐，少不了生活在這塊土地上的每個人。做為一個法律人並不容易，心中的天平不時在是非黑白間評判、思考、審酌，甚至自己和自己辯論。想要找到天平的那條中線，更需要不斷學習、入世、智慧與勇氣。

讓法律可以幫助更多人，這是永遠不變的初衷。過程中的艱辛與苦痛，事後回想起來，是那麼地令人思念並滿溢感恩。

不論在具體個案或社會參與，只要盡心盡力，便能俯仰天地，無愧於心。P.136

堅持，讓成功變得更容易

王泰升｜台大講座教授兼出版中心主任

1990年開始研究臺灣法律史，迄今30年，始終專注於學術，自1993年獲教職後未曾片刻轉任其他公職。外觀上在台大由講師升等至講座教授，從榮獲國科會傑出研究獎，最終成為教育部國家講座。實質上係仰仗起初以教科書及論文集，闡述臺灣法律的多個源頭造就多元的法社會，提出應將法經驗事實納入法規範論證

的「歷史思維法學」。

2015年起改以專書，申論臺灣人日治下的國籍初體驗，詮釋臺灣從日治接續戰後計120年的法律現代化歷程，並透過法院民刑事判決的統計分析，探究日治時期一般人的司法正義觀。2019年催生的兩本收錄多人所撰臺灣法律史論文的書，顯示專研臺灣法律史已從一個人到一群人。

對法律人而言，「成功」可以有好多種，堅持自己所定義者，最容易達成。R12

傳承法律人的觀念與經驗

李家慶 ｜ 理律法律事務所執行長暨合夥律師

17年前因學姐洪美華的邀請，得以有機會和其他法界的先進前輩共同撰寫《正義與慈悲》，以給法律學子們作為將來學習以及人生抉擇的參考。

其後，我擔任律師公會全國聯合會理事長時，也曾見賢思齊，邀集了一些律師前輩，分別就不同的主題為文，並彙集出版了一本《夢想、責任與祝福：給新進律師的50封信》，希望來自全國各地的律師先進前輩，也能分享一些他們過去成功的寶貴經驗，讓新進的律師在進入法律服務市場之前，可以吸取前輩們的經驗。

很佩服洪美華學姐這次計劃重新「復刻」《正義與慈悲》，個人覺得這本書在17年後予以再版，其最重要的意義，就是將法律人一些歷久不變的重要觀念或經驗，得以繼續傳承。R142

當機會來臨時，勇敢地接受挑戰

邱太三｜亞洲大學財經法律系專任講座教授

誠如我在17年前信中標題所說「人生是驚喜之旅」。重要的是「準備好自己，當機會來臨時，勇敢地接受挑戰」。

2003年在立法院參與制定，並於12月31日公布施行的「公民投票法」，是首次賦予臺灣人民直接民權之法案。隔年，陳水扁總統舉辦第一次全國性「強化國防」與「對等談判」公投，中選會為此舉辦「正反意見支持代表辯論會」，我有幸受指派參與辯論。

2017年3月司法院大法官會議針對「同婚」釋憲申請案，舉辦歷史性憲法法庭言詞辯論，法務部為民法之主管機關，由於此一攸關基本人權與進步價值之議題，社會正反意見對立。個人以為，應從憲法法理或世界潮流、法社會學的探討與立法不足的方案進行肯定與支持的辯論，並親自(關係機關代表)出席。最後司法院大法官們作出釋字748號解釋【同性二人婚姻自由】，雖一度引發社會更加對立，甚至提出公民投票案反制，衝擊之後的地方公職人員選舉；但在專法通過後，臺灣的進步價值普受國際肯定，期待社會裂痕日漸弭平。

這17年來，由於各項選舉結果後的政黨輪替與人事更迭，我也因緣際會地轉換了多項中央及地方政府職務。為了再充實自己，其間曾辭職專心完成博士課程、取得學位，得以應亞洲大學財經法律系聘請，擔任教職，嗣又兼系主任；如今再獲聘為講座教授。

總之——「人生是驚奇之旅」。P.98

視「求知」為最高貴的品德
吳豪人｜輔仁大學法律學院教授

從上次「被寫信」，至今17年。大學教師的特化與階級化，已經建立了新的知識種姓制度：行政派貴族、研究派平民、教學派奴隸。至於學生，則是自以為貴族的奴隸，自以為消費者的人質，自以為有母校的過客。法律系當然也未能例外。

臺灣這種被反覆殖民的鬼島，無知即奴役，知識即尊嚴。師生一致，將求知視為最高貴的德性，才是高等教育的正道。可惜如今的大學，卻講究「知識即商品」，甚至「商品即知識」。法律人的養成，也不再以知識為第一基礎，演變為以利益為唯一基礎。大勢已敗，殊難抵抗。我只能洩漏一點業界天機：「太複雜困難的法律一定是惡法；把法律弄得太困難複雜的必然是壞人。」領悟多少，看你的機緣吧。

不要設限自己的未來
林國全｜政治大學法學院專任教授

17年，讓我從一個還算青壯派的學者，成為即將屆齡退休的「大老（大腹老朽？）」。自己17年前寫的「給法律學子的一句話」，如今再看，基本上我還是會給現在的法律學子同樣的話。

這17年間，我個人也曾跳離單純的學術象牙塔，借調至公務機關服務，以及擔任以保護金融消費者為其宗旨之財團法人的首任董事長。在這些直接與人民權利義務直接接觸的工作中，深深體會

到法律人才在現實社會中的重要性。

所以，17年後，要比17年前多講的是，如果你確認你喜歡法律的學習，你也自信你能領會法律蘊含的思辨邏輯，那麼，不要把自己的未來設限在傳統的法曹或律師工作，你可以優遊在各個領域發光發熱的。P.40

保持一顆柔軟的心
周俊吉 ｜ 信義企業集團創辦人

17年後重讀此信，依舊相信「衡外情，量己力」——充分確認了「為何」、堅定信念之後，再透過閱讀累積的知識力量，不斷創新出「如何」的做法，是法律人在滾滾紅塵中安身立命的最大優勢。

因為我們有著觀察入微、理性分析、縝密梳理的邏輯訓練，有能力撥開重重迷霧、直探事物本質，謀求最適法合宜的解方。

但在法條與論理之外，建議所有年輕法律人，始終保持一顆柔軟的心、廣泛涉獵不同領域，從日常的每一個角落，尋找與社會共好的最佳姿態。

法律是一種社會總合經驗的集大成，「解決紛爭」只是枝微末節的「術」；如何「紓解訟源」，促使社會和諧、井然有序，才是法治及其從業人員的終極之「道」。

謹以本書書名——「正義」與「慈悲」，與大家共勉之。P.104

提升格局，打開人生視野

城仲模｜前司法院副院長

在歐美的留學過程 我感受到的不僅是物質生活的富裕，也包括了精神寄託的滿盈。在那一段近約5年的學院理論修習的時光裡，我像個挖礦的人，每天刻不容緩的加工觀察、體會歐西國家民主、自由、法治、環保及人權保障的實踐紀錄。

發覺先進感人事蹟一籮筐的多，這下，更讓我的眼界視角及知識領域提升到古今國際文明與文化的接觸，讓我青少年時受到東方固陋因循教育所牽繫在心靈上的桎梏，得以逐漸地甩開。

更進一步，決意要脫古創新研發，與當世社會氛圍和地氣融合同步，誓勿再擬托古重陷於東方醬缸文化無以自拔之境。

我開始在法學專業領域以外，用心留意臺灣家鄉大環境的實然現象與應然策略：認定臺灣人的心靈與氣質均需逐步提升，為使臺灣文明及文化的腳程能順利登堂入室，則非策進與全球進步國家接軌不可。

為使臺灣這個舉足輕重的孤島得以取得國際社會的入場券，以建構全新憲政制度及法治社會，需慎思參考日本教育哲理學者福澤諭吉「脫亞論」、臺語學、文學家王育德，對自己故土的強烈意識與認知，有比福澤諭吉更清晰、具體的國家大方針之政治論說；這些主張背後極具深邃意涵的該當時空思維，皆以自信、自主、自立、自強的意志，放眼全球，志在四方不可。

因此之故，這三十餘年來，我不顧毀譽，到處暢言、主張、建

議：臺灣應請以「英語」為官方語文；深信，假以時日，它會成為解救臺灣的一帖神來之良藥。P.58

用實際行動將灰色世界變彩色
郝廣才 | 格林文化發行人

電影《駭客任務》裡，莫菲斯拿出兩顆藥丸，一顆藍色，一顆紅色。

他對尼莫說：「你選擇藍色藥丸，那故事就劃上句點。你醒來後，你會相信任何你想相信的事。你選擇紅色藥丸，你會留在愛麗絲夢遊奇境，我會帶你深入，看兔子洞到底有多深！」

意思是藍色藥丸代表安逸、虛幻的世界，沒有痛苦，也沒有覺知、覺醒、覺悟！紅色藥丸代表殘酷、真實的世界。如果是你，要吞下哪一個呢？

理想的法律人，就是吞下紅色藥丸，理解人性的惡劣，珍惜人性的善良。仰望天空，注意腳下！

法律人的理想，就是吞下紅色藥丸，用實際行動將灰色的世界變成彩色！P.120

一起建構成熟的公民社會

許宗力 ｜ 司法院院長

17年前，我對法律系學生的期許是，一起鞏固、深化臺灣的民主法治，共同建構一個成熟的公民社會。17年後的今天，我對法律系學生的期許，一樣是一起鞏固、深化臺灣的民主法治，共同建構一個成熟的公民社會。要說有不一樣的地方，那應該是看到這段時間以來國內外情勢的變遷與發展，我對大家的期待更殷，盼望更切了。

莫忘服務社會的初心

黃晉英 ｜ 祐生研究基金會秘書長

初聞《正義與慈悲：給法律人的一封信》在時隔17年後即將復刻再版，內心的感動實在難以言喻。

在出書之後的17年來，秉持一貫的信念，除了認真工作之外，並從事公益活動。在擔任祐生研究基金會的主要決策者與執行者時，讓我從單純的法律人，能夠有更多、更廣的角度與視野，再次省思法律人的社會責任！

尤其，面對世界局勢的劇烈動盪，全球氣候異變釀成極端天氣、生物滅絕、饑荒疫病！國際權力競逐引爆戰爭民變、經濟動盪、社會擾亂等挑戰，身為法律人，必須以更敏銳的眼光，用心體察環境的變化，才能在搖擺不安的亂局中，精準釐訂正義與慈悲的法線所在！

最後，我要特別鼓勵所有優秀從事法律志業的學弟妹們，千萬別當僵化的法匠，也切莫忘記服務社會的初心，更要勇於承擔社會賦予的期待與責任，因為我們即將面臨的是劇變的未來，這是法律人責無旁貸的使命！共勉之！P.126

法律人應培養獨立思考的能力
廖正豪 ｜ 向陽公益基金會董事長

近年由於政治的操作、選舉的不擇手段，只問成敗，不論黑白，正豪所提倡的「所有人的正義」、推廣的「肯定自己、尊重別人」精神，受到漠視。一方面嚴重激發暴戾氣息，助長社會不安，他方面破壞了倫常規範，損傷了社會道德的基礎，今日只求眼前近利的惡因，明日將會長出惡果。

所以我仍然堅持做好基礎法治建設，尤其是青少年輔導與法治教育的工作；也幫臺灣的法律人爭取參加大陸法考的機會，提供學弟妹到對岸擔任律師、更多一展長才的機遇；在臺灣則請大家拓展視野，胸懷天下，從最根本的知法守法、社會基礎開始付出。

法律以倫理道德為本，在侈言遠大理想、為國為民之前，請各位從關心身邊的人做起，懂得做人，才能夠做好事。

同時，在資訊爆炸的現代、面對各種強力灌輸、似是而非的訊息，也請各位培養獨立思考的能力，每個人獨一無二，不被任何形式威權操控的靈魂，才是最可貴的。P.174

法學教育是提升司法品質的關鍵

鄭中人 ｜ 群和智慧財產有限公司顧問

從懷著使命投入法學教育的壯年到從心所欲的耄耋，已經20幾年了。

正義與慈悲乙書要復刻，編輯要作者寫給讀者的一些話。對此想了很久，想到許多議題。最後還是忘不了法學教育：

其一是法學教育的現代化。幾近五分之一世紀了，社會從個人電腦到智慧手機，從網際網路到數位世界。人際關係從實體世界奔騰到虛擬世界，生活資源已不限於實體資產，網路資產的交易日趨活絡。但台灣的法學教育還停留在遠古時代，筆者很擔心，我國的法學教育是否足以支撐我國的民主發展及經濟成長，協助企業在國際市場競爭？！

其二則為審判工作者的養成教育。現行法學教育是將法學的專業知識，即基本法律的內容與理論，灌輸給學生，缺乏對於爭議事實的理解與剖析。司法官憑法學院提供的四年法學教育，再經二年密集的訴訟實務職前講習，便承擔認事用法、定紛止爭的重責，備極艱辛。隨著法治社會的進程，除了必須改變審判制度之外，法學教育應兼顧提供事實的理解與剖析訓練–期待審判者所認定的事實不但是實質的真實，也是符合客觀的社會事實，才能為當事人信服，為社會所接受。

做喜歡跟擅長的工作，是幸福的事

蔡坤湖 ｜ 臺北地方法院少年法官

2003年以後，大部分的時間，我還是在地方法院擔任少年法官，照護臺灣社會的角落小孩。

同時，也在大學開設「少年法」課程。開課的目的，除了整理工作所見外，因為有上課的學生可以對照，讓我更了解校園學生與角落小孩為什麼會有不一樣的人生。

少年法官的工作對象，與其說是「非行少年」、「壞小孩」，倒不如說是「被害人」、「受傷的小孩」。依我的工作經驗，非行少年通常是受到家庭、學校傷害的小孩。所以，少年法官的角色比較接近兒童及少年的保護者，而不是傳統的審判者。

少年法官不可能獨力完成保護少年的工作，這需要社福、教育、醫療等政府資源或民間團體的協助，甚至需要修法、立法。所以，工作之餘，也將所見提供給行政及立法機關，作為政策形成及法規修正的參考。法官除審判工作外，應該參與社會及作觀念的倡議，這是自己一直以來的信念。

17年來，長期擔任少年法官算實踐法官專業久任的想法。不過，能做自己喜歡跟比較擅長的工作，真的是一件幸福的事。

當然，這些年來最大的改變，是我結婚、有小孩。丈夫、父親的角色，確實不容易。不過，也是人生收穫最大的部分。P.160

設定目標，逐步前進，日久見真章

劉志鵬 | 有澤法律事務所主持律師

沒想到《正義與慈悲》一書問世17年後，會有出版復刻版的機會。17年是一段很長的時間，改變法律人周遭的很多事情，最明顯的是，通過律師國考的年輕律師增多，法律人的出路似乎變寬，但因市場競爭，對於前途感到不安的年輕律師也增加了，如何出人頭地在法律市場中站穩腳步？是年輕律師最關心的議題。做為一位老掉牙的律師（迄今尚未有網購經驗），我的經驗還是老話一句：法律的路上沒有大躍進，設定目標，逐步前進，時間久了，自然就見真章。

守護正義的堅定信念

謝長廷 | 駐日大使

這本書距今大概17年了，雖然時空背景有些差異，但輿論審判的問題依然存在，主要還是人民對司法的不信任。

臺灣有一個時期，是全民懷疑司法官操行的時代，紅包，政治，人情都可以影響。但目前在獨立審判的環境上已經改善很多。接下來反而是司法官的素質跟訓練的問題。司法官不要只蹲在法律的角落看事情，要有歷史社會、文化、人情等豐富知識，這樣才能做適當正確的審判，我們也希望社會意見領袖的言行都要有助於司法公信力的提升，而不是摧毀這個法治公信力。

在戒嚴時代，爭取正義很清楚，受迫害也很明確，但隨著社會多元化，很多價值變成分眾的價值，正義就不那麼明顯，也不一定多數人支持，這個時候更需要有堅定的信念，才能堅持下去。
P.78

做什麼、不一定要像什麼，但要像自己

謝震武 ｜ 謝震武律師事務所主持律師／知名電視節目主持人

17年前，我在《正義與慈悲》中寫下了「做什麼、像什麼」；17年後，臺灣社會不管在政治、經濟、法律都起了巨大的變化！現在應該是「做什麼、不一定要像什麼，但要像自己」！

在媒體，網紅崛起，一個個比辛辣，但是不是能表現真實自我而不只是隨波逐流、嘩眾取寵；法律的修正腳步變快，但是社會安定的及帶領社會進步的論證，往往令人迷惑！這一切，恐怕都該回歸初心～「做什麼，不一定是像什麼，但是一定要像自己，找回自己當初學法律的初衷就對了。P.182

「復刻」初心，以珍貴圖文與版型，還原時代軌跡

《正義與慈悲：給法律人的一封信》是2003年法律界的一件盛事。26位各個領域一時之選的法律人，奉獻步入法律之門後學習及成長的經驗，讓年輕法律人、即將踏入這個領域的學子或社會大眾，更深入了解法律人的思維與實踐方法。

將近17年的歲月過去了，台灣的社會有著許多的變化，編者認為，本書選錄的法律人在這段時間可說各自引領風潮，寫下諸多寶貴歷史。此刻，將本書「復刻」再版，有其時代需要和價值，同時邀請作者群惠賜「17年後給讀者的話」，並更新2003年後的經歷與現職。

感謝作者群陸續提供稿件，蔡英文總統文稿則由編輯逕行校訂，尤其感動翁岳生老師親自撰文抒發17年感言。

為完整呈現原貌，復刻當年版型設計，編者特別將作者群「17年後給讀者的話」獨立於書末，經歷與現職更新於幸福綠光官網，並在書上的每位作者小檔案後新增QR Code，讀者只要掃描即會自動連結到該作者個人頁面，看到2003年後的經歷與現職，以及

付印後才交稿的短文。

歷經17年的時空變遷，當年求學中的讀者如今應該都已略有事業基礎，或許正可駐足再回味，以職場經驗加倍體會前輩暢意賜言。期待目前還在學校的學子，藉著閱讀本書跨越時光彩虹，擷取前輩經驗的17年再加值版，快樂走在求學與處世的日光大道。

復刻版

正義與慈悲

Just Humility:
Jurists,
Law and Society

給法律人的一封信

作者｜王如玄・王昱婷・王泰升・吳豪人・李家慶・李　新・李震山
周俊吉・林子儀・林信和・林國全・邱太三・城仲模・洪三雄
范光群・郝廣才・許宗力・黃晉英・楊惠欽・廖正豪・劉志鵬
蔡坤湖・蔡英文・鄭中人・謝長廷・謝震武

責任編輯｜何喬
編輯顧問｜洪美華
出版｜幸福綠光股份有限公司／新自然主義
地址｜台北市杭州南路一段63號9樓
電話｜(02)23925338
傳真｜(02)23925380
網址｜www.thirdnature.com.tw
E-mail｜reader@thirdnature.com.tw
印製｜中原造像股份有限公司
二版｜2020年3月
郵撥帳號｜50130123 幸福綠光股份有限公司
定價｜新台幣350元（平裝）
本書如有缺頁、破損、倒裝，請寄回更換。
ISBN 978-957-9528-66-5
總經銷｜聯合發行股份有限公司
新北市新店區寶橋路235巷6弄6號2樓
電話｜(02)29178022 傳真｜(02)29156275

國家圖書館出版品預行編目資料
正義與慈悲【復刻版】：給法律人的一封信／蔡英文等著. –
二版. -- 臺北市：幸福綠光, 2020.02 面；　公分
ISBN 978-957-9528-66-5（平裝）
1.法律 2.文集　　580.7　　　　　108022646